Herstellung und Verlag: BoD – Books on Demand, Norderstedt
ISBN: 9783756852437

Reimeschmiede

Auf den Ambos aus den Kohlen,
glühend rot der Reim.
Mit dem Hammer weit ausholend
schlag ich auf ihn ein,
bis bei allen festen Hieben
hell hinauf die Funken stieben.

Bald ist er so hingebogen,
rhythmisch, klein und fein,
dass der Leser mir gewogen.

So soll es auch sein,
denn zum Freude, Spaß bereiten
soll mein Handwerk mich stets leiten.

Dann hinein ins kühle Nass,
so wird fest er dann.
Kunst, Humor und irgendwas
erfreuen irgendwen und -wann.

Dafür ist mir nichts zu teuer!
Hab viel Eisen noch im Feuer.

6

7

8

Sinniges und Unsinniges

Glück

Die Zukunft und Vergangenheit,
die hatten miteinander Streit,
denn beide waren nicht gefeit
vor Arroganz und Eitelkeiten.

Die Zukunft wolle dafür sorgen,
dass „Glück" mit ihr käme ab Morgen.
Das Gestern meint, seit Ewigkeit
hat sie gestellt das „Glück" bereit.

Sie keift deshalb die Jugend an
"Du, du bist doch noch gar nicht dran!" –
Die schnippisch ihr erwidert dann
"Du, du bist längst abgetan!"

Die Gegenwart ist unterdessen
still zwischen diesem Paar gesessen.
"Das Glück", denkt sie, „das große Glück,
blickt nicht nach vorn und nicht zurück.

Das Glück – das ist ein Augenblick."

Dankbarkeit

Dankbarkeit sich nicht bemisst,
an dem, was uns im Leben wird gegeben.
Dankbarkeit ganz einfach ist
dankbar sein, dass wir noch leben.

Schnelles Glück

Die Schwalbe keinen Sommer macht,
das Glück nicht schon beim Loskauf lacht,
Ein Plan nicht gleich ´s Ergebnis zeigt,
nur Absicht den Erfolg verschweigt.

Auch eine Bordsteinschwalbe nicht
uns liebesfrohes Glück verspricht
und das Ergebnis nach der Nacht
vielleicht uns nicht zufrieden macht.

Ganz selten man das Glück auch hat
spielt man am Spieleautomat,
der leider nur die Münzen frisst,
als dass man der Gewinner ist.

Und wer da meint in seinem Wahne,
dass der Erfolg kommt schon beim Plane,
der dabei leider doch vergisst,
dass nur das Tun zielführend ist.

Wie auch trotz Absicht so allein
stellt sich nicht der Erfolg gleich ein.
Denn Handeln erst auf lange Sicht
tatsächlich auch Erfolg verspricht.

So warte man bei allen Dingen,
ob mit Geduld es kann gelingen
das Ziel erreichen Stück um Stück,
statt Hoffnung auf ein schnelles Glück.

Seifenblasen

Als Kind, da fühlte man nur Glück,
wenn schillernd bunte Blasen schwebten,
die mit viel Eifer und Geschick
recht lang im blauen Himmel lebten.

Im Nichts von diesem Farbenspiel,
da schwebten mit die Träume,
von denen hatte man so viel,
manche so groß wie Bäume.

Doch mit der Zeit, da muss man lernen,
dass sie doch zu verletzlich sind
und greift nicht mehr nach fernen Sternen,
wie man es tat so oft als Kind.

Man fügt sich in sein Lebenstrott,
begräbt die Träume, Wünsche, Streben
und dann auf einmal – sapperlot
fragt man sich „War das schon mein Leben?

Reicht aus denn die Zufriedenheit,
mit dem, was man geschaffen nur,
und wie viel bleibt noch von der Zeit?"
– mit Blick hin zu der Lebensuhr.

Was ändern ohne Ängstlichkeit,
raus aus der Hängematte!?...
Doch fehlt die Unbekümmertheit
die man als Kind noch hatte.

So ab und an bläst Seifenblasen
man noch zum blauen Himmel hin,
doch merkt man schnell, ja wir vergaßen,
wie schnell sie platzen ohne Sinn.

Trotzdem, man schaut sie gerne an,
die schillernd bunten Blasen,
und man erinnert sich dann dran
ans Glück, gewissermaßen.

Voll sein

Und bringt mir noch ein nächstes Glas,
mich dürstet noch nach Lethe*.
Mich dürstet noch nach irgendwas,
auch wenn ich voll so späte:

Bin voll der Freude heute Nacht
in Euren dichten Kreisen,
wo echte Freundschaft trunken macht –
das muss sich nicht beweisen.

Bin voll des Lachens, Glücklichsein,
den Alltag schnell vergessen.
Es ist so gut bei Euch zu sein,
bin richtig drauf versessen.

Bin voll des Dankes, voller Mut
Gefühl in Worte fassen.
Es tut mir einfach richtig gut,
kann gar nicht davon lassen.

> Mich dürstete, Ihr merkt es wohl,
> nach Worten – nicht nach Alkohol.

* Lethe = althochdeutsch Wein

Überschäumend

Es prickelt in mir und schäumt auf,
weil Worte habe ich zuhauf,
die nur so aus mir sprudeln wollen,
und meiner Stimmung Rechnung zollen,
dass ich mich hier fühl´ pudelwohl.

Und das liegt nicht am Alkohol!

Gut Ding will Weile haben!

Man ist des meist unvorbereitet
und merkt kaum, wie sie uns entgleitet,
doch plötzlich im Kalender steht
wie schnell die Zeit wirklich vergeht.

Man dachte, man hätt´ so viel Zeit
die langt noch eine Ewigkeit,
doch plötzlich tickt sie laut und schrill,
weil man so viel noch tuen will.

Doch, selbst wenn es ist ziemlich spät,
man nur in Hektik nicht gerät,
denn schon das Sprichwort meint doch: „Eile
für gut Ding besser stets mit Weile!"

Das senkt den Blutdruck, mindert Stress,
und fördert auch den Denkprozess,
dass man mit wenig Aufwand doch
langfristig ´s Ziel erreicht dennoch.

Drum denkt vor allem erst mal nach,
beginnt dann langsam ganz gemach
und schafft nach guter alter Sitten
die Aufgabe in kleinen Schritten.

Die Pausen sollt ihr nicht vergessen,
auch nicht das Trinken und das Essen,
denn nur wenn man ist mopsfidel
gelingt die Arbeit ohne Fehl´.

Vergesst, wenn jemand euch antreibt –
es immer noch genug Zeit bleibt:
Die Birne ist erst dann geschält
wenn gut auch das Ergebnis zählt.

Dies hier soll euch als Beispiel zeigen,
wie man die Zeit kann sich vertreiben,
denn kaum in einer ganzen Wochen,
hab ich die Zeilen hier verbrochen.

Meinungsaustausch

Der Mensch ist leider so geschraubt,
dass er am Ende immer glaubt,
was seinem Hirn entsprungen ist
der Weisheit letzten Schluss bemisst.

Als Meinungsaustausch oft auch gilt,
wenn man sein Ego derart stillt,
bis der – mit eigener gekommen –
hat deine Meinung übernommen.

Normalerweise stört das nicht,
solange keiner widerspricht.
Wenn aber einer Gegenreden tut,
dann kommt es häufig zum Disput.

Und wenn erst die Parteien grollen
den andern gar verbessern wollen,
wird schnell daraus ein Hexentanz.

Und nur, weil fehlt die Toleranz!

Wirkung

Es hört sich einer selbst gern reden,
zeigt deutlich, dass er find´ sich gut.
Die Zuhörer, die das erleben,
bemerken schnell, warum er ´s tut.

Fragt er sich nicht vorher aufrichtig,
wie wohl die andern reagieren,
mag das sein, was er sagt, schon wichtig
doch wird es niemand interessieren,

Die Wahrheit, die er dann verkündet,
kann klug sein, witzig, aktuell,
doch bei dem Auftritt sie verschwindet
aus dem Bewusstsein leider schnell.

Drum achte jeder Redner wohl
den Zuhörer, das Publikum,
für Wahrheit gibt ´s kein Monopol
und wer das glaubt ist dumm.

Erheb den Zeigefinger nicht,
versuch´ nicht jemand zu belehren,
behandle niemanden als Wicht
und lass doch bitte das Bekehren.

Nimm dich doch selber bloß nicht wichtig
– du bist der Postbote doch bloß –
dann wird die Aussage gewichtig
und das Interesse riesengroß.

Knüpf´ an, an dem wie ´s alle nennen,
bezieh das Publikum mit ein,
bring es zum Denken, Selbsterkennen,
zum Lachen und zu Träumerei´n.

Und wenn dann ist die Rede aus
geh´ du hinweg bescheiden.
Dem Vortrag gilt dann der Applaus –
und dich kann man gut leiden.

Senf

Ich weiß nicht viel, doch jederzeit
bin ich zum Kommentar bereit,
sag meine Meinung gradezu
und deshalb stets mein Senf dazu.

Am Stammtisch, wie das Treffen heißt,
erfährt man was, was man nicht weiß
und staunt in dem illustren Kreise,
wenn wer sehr klug ist und sehr weise.
Ich nichts davon verstehen tu,
  doch geb´ ich meinen Senf dazu.

Bei Musik schätzt man Künstler wert
wenn stille ist es beim Konzert,
und lauscht andächtig schönen Tönen.
wenn Harmonien uns verwöhnen
den jeder hört gerührt dann zu.
  Nur ich geb´ meinen Senf dazu.

Wenn bürokratisch klemmt was wo,
muss ich auf´s Amt in ein Büro
und hoff, dass der Beamte dann
mit viel Verständnis helfen kann
und Einsicht zeigt gerad hierzu,
  bis ich geb´ meinen Senf dazu.

Wenn´s Auto muss zur Werkstatt rein,
weil was am Motor könnte sein,
der stottert, hustet und nur keucht,
vielleicht auch neues Öl mal bräucht´,
dann repariert´s die Fachmannscrew,
  auch wenn ich geb´ mein´n Senf dazu.

Wenn mich anhält die Polizei,
weil ich zu schnell gewesen sei,
da gebe ich doch nicht klein bei,
statt dass mit Knöllchen wär´s vorbei.
Ich lamentier, geb´ keine Ruh´
  und immer noch den Senf dazu.

Muss zum Gericht wegen der Schuld.
Erst zeigt der Richter noch Geduld,
fragt Zeugen auch und Polizisten,
weshalb sie so genau es wüssten
und klärt, wo wirklich drückt der Schuh.
Trotzdem geb´ ich den Senf dazu.

Kaum hab´ die Strafe ich berappt,
man mich beim Meckern noch ertappt.
weil ich bezeichne sie als „blöd",
so dass die Buße wird erhöht
Ich schau nur dumm wie ein Kuh.
Warum geb´ ich mein Senf dazu?

Selbst bei ´nem Thema mit Tabu,
das soll geheim bleiben partout
von heißer Nacht in Malibu
von meinem Freund, dem Grand Filou,
mit Liebelei beim Rendezvous
und Körbchengröße vom Dessous...

Egal – ich muss den Senf zugeben,
weil nichts geht ohne mich im Leben.

Nur manchmal bin ich klug und weise
und werd´ verhalten, still und leise,
bin wortkarg, und auch geizig knapp
geb´ von mein ‘m Senf kein bisschen ab,

wenn ich mal bei Konnopke* steh
und meine leck´re Bockwurst seh´.

Konnopke = berühmte Berliner Würstchenbude

Schweigen

Klug zu reden ist oft schwer,
wenn vor Lampenfieber du gleich schwitzt,
klug zu schweigen meist noch mehr,
wenn du hältst dich für gewitzt.

Wer laut prahlt mit seinem Können
kriegt ein Amt und muss viel tun.
Wer den Ruhm kann andern gönnen
braucht nichts tun und kann ausruh´n.

Wer zu jedem und auch allem,
stets gibt seinen Senf dazu
könnte eher mal gefallen.
wenn er zuhört und gibt Ruh´.

„Kindermund tut Wahrheit kund“,
sagt die Weisheit aus dem Volk,
doch wenn du hältst mal den Mund,
hast du manchmal mehr Erfolg.

Wer hat Kluges vorzutragen
sollte manchmal sich auch fragen,
ob, was klingt sehr kompliziert
wirklich alle interessiert.

Der benannt wird als Soubrette
wer sich einmischt stets bei allem.
Wenn er klug geschwiegen hätte,
wär´ es niemand aufgefallen.

Wer ´ner Straftat sich bezichtigt,
kommt sofort ins finstre Loch.
Wer nichts sagt – ihr folgert richtig –
wird dann freigesprochen doch.

Wer strunzt um Prestiges willen,
wird bestohlen und beraubt.
Wer jedoch genießt im Stillen,
den man unvermögend glaubt.

Wer zum Fehler sich bekennt,
muss die Konsequenzen tragen.
Andre werden Präsident,
wenn sie nichts zum Fehler sagen.

Der „Hallodri" wird geheißen
wer Eroberungen zeigt.
Liebe wird sich dem beweisen
wer genießend still nur schweigt.

Wer kann viele Verse bringen,
glaubt als Dichter sich zu zeigen.
Ich will Euer Herz erringen
denn ich kann auch klug jetzt schweigen.

Unveränderbar

Schreibst du ein paar Zeilen nieder,
die dir in den Sinn gekommen,
holt sie kein Vergessen wieder –
werden nie zurückgenommen.

Kannst dir auf die Zunge beißen,
kannst du fluchen, hoffen, fleh 'n
oder das Papier zerreißen:
Bleiben dennoch sie besteh 'n.

Sonst sind Worte schnell verflogen,
wie ein Hauch und nicht ganz wahr.
Sind in Tinte sie gezogen
sind sie unveränderbar.

Bleiben als Erinnerungen
im Gedächtnis dir bestehen –
deine Meinung wird bezwungen,
weil es nun mal ist geschehen:

Hast dich selber dann vor dir,
wie in einem Spiegelscherben:
Deine Hoffnung, Sehnsucht, Gier.

Wenn Gedanken Worte werden.

Freiheiten

Warum ´s schön ist, will ich zeigen,
statt zu reden mal zu schweigen.
Nicht nur Worte sprudeln lassen,
sondern geistig sie erfassen.

Könnt in Ruhe so auftanken,
spürt in Stille die Gedanken
und von Fessel dann befreit
ist man für Ideen bereit,
die, von Fantasie getragen,
endlich wir zu denken wagen.

Und mit Staunen wir erkennen
was tut heimlich in uns brennen,
und - was sonst so unbequem -
ist auf einmal angenehm,
dass wir es vielleicht gar wagen
die Gedanken vorzutragen.

Denn auf einmal fällt nicht schwer,
dass man revolutionär
völlig neu auf einmal sieht,
was tagtäglich sonst geschieht,
und - in einem neuen Licht -
man beachtet hat noch nicht.

Löst euch von den Alltagszwängen,
die die Denkrichtung beengen,
um in ausgefahr´nen Gleisen
Altes stets aufs neu beweisen,
was wir kennen schon seit Jahren.
Lasst uns das doch neu erfahren!

Nutzt die Freiheit, nutzt die Chancen!
Unbeeinflusst Sinne tanzen!
Niemand braucht dabei beachten
Regeln der Althergebrachten
Niemand soll ein Richter sein,
was Ideen engt sonst ein.

Fehler machen

Die Weisheit ist bekannt doch allen
„Wo gehobelt, Späne fallen".

Weil, wo geschafft, passiert es eben
dass manches geht auch mal daneben.

So sind zwar Fehler ärgerlich
doch dabei unabänderlich.

Ist **dir** der Fehler unterlaufen
stell dich nicht gleich zu jenem Haufen,
die unisono dann im Reigen
gern mit dem Finger auf den zeigen,
wem sie die Schuld daran zuschieben,
dass fehlerlos sie selbst geblieben.

Denn in dem Haufen meistens stehen,
die aus dem Weg der Arbeit gehen,
weil wer nichts tut und gar nichts schafft,
macht sich durch Fehler nie zum Aff´.

Drum, wenn du einen Fehler machst,
dann lern daraus und drüber lachst,
gesteht ihn ein – es kommt halt vor –
und nimm es einfach mit Humor.

Brauchst dich deshalb nicht grämen
und dich schon gar nicht schämen.
Sieh es gelassen einfach heiter:
Nur Fehler-Machen bringt dich weiter.

Von wegen

Wenn dir ein Stein vom Herzen fällt
und fällt die auf die Füße,
ist´s um dein Glück wohl schlecht bestellt
und ´s Pech sendet dir Grüße.

Ein Übel geht, ein Übel kommt,
gar oft geschieht ´s im Leben.
Doch wenn´s dem Schicksal halt so frommt
nimm ´s hin – so ist es eben.

Erkenn´ darin die Ironie
mit der du wirst geneckt,
und schmunzel´ drüber irgendwie,
wenn du den Witz entdeckt.

Es bessert sich zwar nicht die Sach´,
jedoch es wird erträglich,
und so befreit darüber lach´,
am besten mehrmals täglich.

Stürmisch

Wenn ist man erst auf hoher See,
da hilf kein „Ach" und auch kein „Weh",
wenn dort der Element Gewalten,
die Fahrt im weiten Meer gestalten.
statt nur mit einer guten Brise,
die Überfahrt man schön genieße....

Ein Sturm von Osten uns erreichte,
dass der Klabautermann erbleichte
Die Wellen schlugen übers Schiff.
Doch das umsteuert jedes Riff,
denn kein Matrosen wollt es schrecken
sich unter Deck nun zu verstecken.

Sie trotzen Sturm und scharfem Wind
weil Seegang sie gewohnt doch sind.

Und beim Gebrause man sie hört
wie laut sie singen ungestört
die Shanties, während man zupackt,
gar fröhlich zu der Arbeit Takt.

Sie lassen sich nicht unterkriegen,
nicht mal von einem Sturm besiegen,
und wenn die Sonne wieder scheint,
freut man sich, dass man ist vereint,
schaut freudig hin zum Horizont,
wo schon das Ziel nun näher kommt.

Daran wir sollten öfters denken,
wenn unser Lebensboot wir lenken.
Uns nur nicht unterkriegen lassen,
nicht gleich die Segel alle brassen,
wenn scharf der Wind um uns mal weht,
und es uns mal so gut nicht geht.

Mit Mut geht es doch immer weiter,
wenn man gelassen, froh und heiter,
die Widrigkeiten so umschifft.
Vor allem, wenn man Freunde trifft,
die grade jetzt uns damit nützen
dass sie uns helfend unterstützen.

Mit Mut das Schiff gemeinsam man
durch´s raue Wasser lenken kann,
denn nur mit Freunden, Leidgenossen,
wird unser Scheitern ausgeschlossen
und so, trotz aller Widrigkeiten,
wir sicher in den Hafen gleiten.

Die Freundschaft lässt uns Alles schaffen,
wenn wir gemeinsam uns aufraffen,
selbst wenn der Wind bläst ins Gesicht:

Uns „Bangemacher" gilt hier nicht.

Jetzt

Mag auch die Zeit so schnell enteilen,
wir wollen im Moment verweilen
und jetzt die Gegenwart genießen,
statt uns die Zukunft zu vermiesen.

Denn was wird bringen uns der Morgen,
viel Freude oder auch was Sorgen,
das merken wir noch früh genug.
Drum lebe heute - das ist klug!

Genieße alle schönen Tage,
lach einfach über manche Plage,
und bleibe einfach nur gesund!

Das ist der Freude wahrer Grund.

Feierabend

Nun endlich kommt der Mensch zur Ruh.
Vorbei ist heut die Plag und Hast
und wenn die Dunkelheit nimmt zu,
fällt von ihm ab des Tages Last.

Vorbei der Trubel in der Welt
vorbei der Sonnenschein zum Wärmen.
Und droben da am Himmelszelt
blinkt bald ein Heer von tausend Sternen.

Die Abendruhe macht sich breit,
der Lärm wird nach und nach gedämpft,
weil sich zur Feierabendzeit
der Tag sich auch hat abgekämpft.

Wenn dann die Vögel gehen schlafen,
die Nachtigall nur hell erwacht
und man hört ihre Stimmen schlagen,
die bald durchdringt die ganze Nacht.

Vielleicht ein Rascheln in den Bäumen,
der Uhu schaut nach Beute aus.
Die kleinen Kinder bereits schlafen,
und bald ist Ruh´ im ganzen Haus.

Ich will die Stille noch genießen,
gemütlich bei ´nem Gläschen Wein,
und Fantasiegebilde sprießen.

Wie schön kann doch das Leben sein.

Ein Gerücht

Da schleicht herum doch ein Gerücht.

Angeblich glaubt es niemand nicht,
doch leider zieht es eine Spur,
weil drin ein Körnchen Wahrheit nur,
dass bald, trotz Zweifel, ungehemmt
so mancher es als wahr benennt,
und viele leise weitersagen,
was als Geheimnis angetragen.

Ist das Gerücht erst ausgestreut
eilt es umher von Leut´ zu Leut´.
und wenn es gar jemand entzückt,
wird kräftig es gleich ausgeschmückt,
so dass am Ende keiner weiß,
ob es dafür gibt den Beweis,
was man von irgendwo gehört.

Doch das anscheinend niemand stört,
denn jeder kann jemand benennen,
der tat es lang vor ihm schon kennen.

Wurd´s lang genug weitergegeben,
nimmt man´s zum Schluss als Wahrheit eben.

Schlüsselworte

Worte können Schlüssel sein
zu eines Menschen Herzen
beim Fröhlich- oder Glücklich Sein,
doch auch bei Trauerschmerzen.

... wenn Gleichklang lockt mit Liebelei den Schmetterling im Bauch,
... wenn Lachen jagt Melancholie aus dem Gemüte auch.

... jedoch auch wenn mit Empathie Verständnis sie bezeugen,
statt Mitleid oder Trauer dann von Anteilnahme zeugen.

Worte können Schlüssel sein
zum neue Freunde finden,
um nun gemeinsam nicht allein
die engen Bande binden.

... wenn schätzen sie des andern Wert und echte Achtung zeigend,
mit Toleranz ganz unbeschwert sich offen ihm zuneigend.

Worte können Schlüssel sein,
gewählt stets mit Bedacht,
die klug so rar wie Edelstein
die wahre Weisheit macht.

... wenn sich die Wahrheit nicht bemisst, wer letztlich sie verkündet,
für andre Meinung offen ist und keinen Sieg begründet.

Doch...

Worte können Schlüssel sein,
zum Öffnen falscher Türen,
zu Lug und Trug und falschem Schein,
um andre zu verführen.

... wenn nur ein Vorteil wird gesucht, und trügerisch belogen,
mit Neid und Hinterlist versucht, dass andere betrogen.

... wenn sie nur eitle Schmeichelei oder die Missgunst zeigen,
wenn Streit sie führen so herbei, wenn Schwächen sie nur zeigen.

Darum benutze dein Gespür
welch´ Wort für dich nun gelte,
sonst stehst du vor verschlossener Tür
dann draußen in der Kälte.

Achterbahn

Mal geht es rauf, mal geht es runter,
im Zickzack führt das schmale Gleis.
Mal bin ich traurig, manchmal munter,
doch wie ich fühle, ich nicht weiß.

Mal wird mir heiß, mal wird mir kalt,
mal kribbelt´s heftig mir im Bauch.
Fühl wieder jung mich, dann zu alt,
weiß nicht, was ich nun wirklich brauch.

In Kurven rasen die Waggone,
in Kurven wirft´s mich hin und her.
Ob sich die wüste Fahrt auch lohne,
bezweifle langsam ich doch sehr.

Doch irgendwann nach dieser Fahrt,
da kommt auch mal die Endstation.

Beim Ausstieg hab ich mir bewahrt,
trotzdem manch schöne Illusion.

Bilanz

Da sitzt ein traurig alter Mann
und weint der Jugend hinterher.
Auch wenn er nichts mehr ändern kann
fällt der Verlust ihm manchmal schwer.

Das Leben hat ihm längst bewiesen,
dass nichts in graden Bahnen läuft.
Doch ändern kann er nichts an diesen,
auch wenn den Kummer er ersäuft.

Drum lass es Altem nachzustreben,
genieß das Leben jetzt und heut.
Du hast halt nicht ein zweites Leben
auch wenn dich Manches zu spät reut.

Und bloß vergiss nicht, so versonnen,
es hätte schlimmer können kommen.

Zweifellos

Was wäre, wenn einen der Träume
ich diesmal nicht einfach versäume,
wenn ich nur den Mut könnte fassen,
ihn wirklich wahr werden zu lassen?

Das Herz fast vor Freude zerspringt
und Sehnsucht mich gänzlich durchdringt,
nach Wünschen aus ganz alten Tagen.
Doch soll ich es wirklich auch wagen?

Erinnerung rührt mir die Sinne.
Ob ich dann mein Glück noch gewinne?

Doch wenn Fantasien sie entspringen
wird wieder es mir nicht gelingen.

Der Zweifel zerreißt den Gedanken
und bringt den Entschluss gleich zum Wanken.

Es ist so schön...

...in die Erinnerung zu sinken,
wie gut das Leben hat´s gemeint
und sehnsuchtsvoll drin zu ertrinken,
wo alles rosarot erscheint.

Nur Gutes bleibt dabei zurück,
von Ängsten, Sorgen keine Spur.
Es ist, als ob für mich das Glück
und ungetrübt gab´s Freude nur.

Zwar wirklich sah es anders aus:
Es gab auch Ärger, Streit, Probleme.
Doch blende ich das einfach aus
und übrig bleibt mir nur das Schöne.

Und das Vergessen mich verwöhnt,
weil blass wird, wonach ging das Streben,
und das Erinnern mich versöhnt
mit dem, was bleibt in meinem Leben.

Mir kostbar diese Bilder sind,
die zeigen, wie schön es kann sein.
Und jedes, das ich wiederfind,
rahm ich in den Gedanken ein.

Ich hüte sie wie Edelsteine,
die funkelnd machen helles Licht.
Arm ist nur der, der findet keine.

Ich fürchte mich im Dunkeln nicht.

Kann so mich schließlich auch begnügen,
wohin bis jetzt ich hab´s gebracht,
und brauche mich nicht zu betrügen,
dass die Zufriedenheit mir lacht.

Märchenstunde

Der Tag vergeht, in langem Leiden
will einmal mehr die Sonne scheiden.
Wenn sie verlischt, mit langen Schatten
grauflimmern Dinge, die einst Farbe hatten.

Unwirklichkeit greift langsam Raum.
Man schwebt im Nichts, fast wie im Traum,
und tiefste Ruhe macht sich breit.
Die Stunde gibt Geborgenheit:

Ganz in Gedanken red´ ich mit dir;
spür´ deine Nähe als wärest du hier;
fühl´ deinen Atem und seh´ dein Gesicht,
bis schwindet mit goldenen Schimmer das Licht.

Mit wachsenden Dunkel der nahenden Nacht
die Angst der Einsamkeit erwacht.
Der wundervolle Traum verfliegt,
wenn erst die Nacht den Tag besiegt.

Drum bleib, du Stunde für uns zwei,
du Stunde einer Fee: Drei Wünsche frei?

Edelsteine

Kommt Gemeinsamkeit abhanden,
weil Gefühle plötzlich schwanden,
und das Traumschloss bricht auch ein
fühlt man schrecklich sich allein.

Doch dem Schutt von grauen Steinen,
sollte man nicht mehr nachweinen:
    Unverständnis oder Streit,
    Gewöhnung und Gleichgültigkeit,
    Leere nur und Einsamkeit
    statt Freude in Geborgenheit.

Sucht drin lieber nach Juwelen,
lasst sie euch deshalb nicht stehlen,
zieht sie unterm Schutt empor,
putzt mit Mut sie und Humor.
    Erinnerungen schöner Zeiten,
    Wohlgefühle, Fröhlichkeiten,
    Harmonie, Zufriedenheit,
    die es gab von Zeit zu Zeit.

Wenn sie funkeln, wenn sie strahlen,
sie mit den Momenten prahlen,
an die gern man denkt zurück
voll mit Liebe, Freude, Glück.

Fasst in Gold die edlen Steine
und bewahrt sie fest im Herz:
Besser helfen kann doch keine
Medizin beim Seelenschmerz.

Warten auf Schnee

Ich warte auf Schnee,
der alles bedeckt,
der alles versteckt,
was tut meiner Seele so weh.

Er nimmt die Farbe der Welt
und Grelles verschwinde,
verweht von dem Winde,
bis Ruhe sich endlich einstellt.

Denn unter dem Weiß,
unschuldig erscheint
was gestern beweint,
dass Friede verbreitet sich leis´.

Ich warte auf Schnee,
dass die neue Zeit
ist nicht mehr so weit,
und neue Hoffnung ich seh´.

Innere Stimme

Ein Wortgefecht dort zwischen zweien!
Da muss ich mich doch gleich einreihen.
Die inn´re Stimme mahnt mich leise,
doch stört mich das in keinster Weise.

Mein Wortschwall kommt so plötzlich drängend,
dass ich zurück ihn kann nicht zwängen,
spiel´ dann mit Worten ganz behände
und komme einfach nicht zum Ende.

Ich hör´ die inn´re Stimme warnen,
doch ich hab damit kein Erbarmen.
Wenn ich erst einmal angefangen
dann schwatz ich los ganz unbefangen.

Die inn´re Stimme raunt mir zu:
„Gib doch nicht jeden Senf dazu.“
Doch da ich lauter rede munter
geht ihre Warnung einfach unter.

Dann fordert sie glatt „Schweigepflicht“,
doch, wie gewohnt, hör´ ich drauf nicht,
will Recht behalten, alles wagen,
und rede mich um Kopf und Kragen.

Die inn´re Stimme lauter spricht:
„Es schwindet die Erfolgsaussicht!“
Doch da ist es schon längst zu spät
dass sie mich richtig noch berät:

Am Ende hab´ ich den Salat,
und stehe da, ganz desolat:
Man schneidet mir die Rede ab,
dass ich bekomm´ mein Fett so ab.

Ich schimpfe meiner inn´ren Stimme,
dass ich nicht rechtzeitig hielt inne
und musst´ den Schluss herauf beschwören.
Sie meint:

„Du wolltest ja nicht auf mich hören.“

Der innere Schweinehund

Warum heißt er denn „Schweinehund"
der untätig uns macht?
Weil er macht träge, faul und rund,
und hält vor Mühe Wacht.

Denn er vertreibt, weil unbequem,
mit lautem Hundekläffen
willst du Gewohnheit übergeh 'n
und neu Entscheidung treffen.

Meist döst er ruhig vor sich hin
und schläft auf weichem Kissen.
Das Leben plätschert vor sich hin
mit ruhigem Gewissen.

Doch wenn du mal gefordert bist,
zu helfen, was zu tun,
hat tausend Gründe er mit List,
dass du kannst weiter ruh´n.

„Es ist zu schwer, braucht zu viel Zeit,
nicht von Erfolg gekrönt,
auch sind doch andere bereit",
er so in dir laut stöhnt.

Er ist zu keiner Tat bereit,
und nur an seinem Knochen nagt.
Liegt da ganz faul und fett und breit
auch wenn dich dein Gewissen plagt.

Nun alle Kraft du dafür brauchst,
Gassi mit ihm zu geh 'n,
den Widerstand zusammenstauchst,
um endlich aufzusteh´n.

Wenn draußen an der frischen Luft,
du schließlich doch was machst,
ist deine Trägheit gleich verpufft,
du fröhlich, herzlich lachst.

Der Preis, der dir am Ende winkt,
war dir vorher so fern.
Doch wenn das **einmal** dir gelingt
tust du´s stets wieder gern.

Morgen fang ich an

So schaff´ ich meine Arbeit nie,
ich komm´ nicht aus dem Quark.
Vorbei ist´s mit der Lethargie
fass´ Vorsätze ganz stark,
dass ich mich wirklich ändern kann.
      Und morgen fang ich damit an!

Der Schlendrian, die Trägheit pur,
bracht Chaos, Müll und Dreck.
Ich kannte Trödelei doch nur.
Die Bummelei muss weg,
dass Ordnung wird es irgendwann.
      Und morgen fang ich damit an!

Das Phlegma werf´ ich über Bord,
Gemächlichkeit passé,
Gleichgültigkeit muss auch mit fort
als wär´s von gestern Schnee.
Nun auf, ich geh´ es wirklich an!
      Und morgen fang ich damit an.

Was mir nur fehlt beim Tatendrang,
das ist ein guter Plan!
Den schreib´ ich auf ausführlich lang.
      Schon morgen fang ich an!

Und dann nach morgen, übermorgen
bin endlich los ich alle Sorgen...

          ... hoffentlich!

Das Ende vom Lied

Bis zum Ende vom Lied
meist ganz viel geschieht,
doch bis es dann endet
das Schicksal sich wendet,
und uns was gebracht,
wie niemand gedacht,
dass manchmal verstört,
was bis dann gehört.

Denn wie auch am Schluss,
erkennen man muss,
weil man drauf versessen
den Anfang vergessen
und man kommt in Nöten,
weil Logik ging flöten.

So dass, was gereimt,
oft unsinnig scheint,
weil doch die Gedanken
so sehr herumschwanken
und niemand genau
den Ablauf erschau´.

Wenn ihr euch ausrichtet,
auf das, was gedichtet,
ihr endlich einseht,
dass nichts ihr versteht.

Ich möchte verwirren,
dass ihr sollt euch irren,
was ihr auch gedacht
und einfach mit lacht.

Das Peter-Prinzip

Der Ziegen-Peter glücklich ist,
wenn Heidi auf der Alm mit ist.
Er steigt zum Gipfel, denn er weiß,
dass er beherrscht Ziegen und Geiß.

Ein andrer auch zum Gipfel steigt,
dem ist Fortuna nicht geneigt.
Er macht Karriere bis zum Schluss
inkompetent als taube Nuss.

Ballonfahrt

Wenn man zu höh´ren Höhen strebt,
was über andre uns erhebt,
so kommt´s im Leben häufig vor:
Mit heißer Luft schwebt´s uns empor.

Nur heiße Luft – und sonst nichts mehr.
das fällt dem Blender auch nicht schwer,
und oft genug man spät entdeckt,
das weiter nichts dahinter steckt.

Grube

Wer andern eine Grube gräbt
zu dessen Nachteil was erstrebt!
Drum hofft das Sprichwort, dass gerecht,
wenn seine Schlechtigkeit sich rächt.

Doch, leider, wer die Grube gräbt
das Loch manchmal so tief aushebt,
dass vor des andern Sturz hinein
fällt die Gerechtigkeit mit rein,
so dass die Häme leider noch
zum Ende siegt am tiefen Loch.

Non posthum

Auch wenn sich mancher schwer bemüht,
ein Lob oft nur auf Gräbern blüht:
Die wahre Ehrung kriegst mit Frist
du erst, wenn du verschieden bist.
Dann werden Reden groß gehalten,
was du geleistet, konnt´st gestalten,
und wie du plötzlich wirst vermisst,
nur weil du halt verschieden bist.

Doch könnten wir dich heut´ schon ehren,
denn wahrlich niemand kann verwehren,
– das sag ich schon mit Hinterlist –
dass du doch sehr verschieden bist:

> Bin du auch schon ´was in den Jahren,
> bist du in manchem unerfahren,
> auch wenn um Reife stets bestrebt
> das Kind im Manne weiter lebt.

> Bist vorne rund und hinten flach,
> bist manchmal still, machst manchmal Krach,
> kannst ernst oder auch lustig sein,
> bleibst mal zu Haus, mal kehrst du ein.

> Bist pünktlich meist´, kannst spät auch sein.
> trinkst meistens Bier, auch manchmal Wein.
> Sprichst manchmal klug und eloquent,
> und manchmal es beim Reden klemmt.

Ich könnt´ noch stundenlang berichten,
von Unterschiedlichkeits-Geschichten.
Darum, wenn du bist so verschieden,
sei dir doch Ehrung jetzt beschieden.

Haltet die Reden heute schon,
lobt ihn und gebt ihm seinen Lohn,
denn fährt er in die Grube rinn,
macht Ehrung für ihn nicht mehr Sinn.

Ehre

Ehre dem, wem Ehre gebührt?
Die Brust mit Orden besetzt?
Wer hat denn tatsächlich die Klinge geführt?
Wer kämpft für den Sieg bis zuletzt?

Vom Feldherrnhügel wird zwar befohlen,
unfehlbar und ohne Bedenken,
die Eisen aus dem Feuer zu holen,
doch zum Erfolg es andere lenken.

Die stürmen im Kampfe, sich niemals verstecken,
mitreißend und oft auch was wagen,
doch sie bei der Obrigkeit sofort anecken,
wenn sie ihre Meinung auch sagen.

Sie springen in Breschen und helfen stets aus,
Verlass ist auf sie jeder Zeit.
Für Freundschaft, die allen gilt mit Mann und Maus,
sich einsetzen sind sie bereit.

Sie zeigen den Mut, Ideen und Elan,
alleine oft auf sich gestellt.
Auf solche Leute nur kommt es doch an,
dass Pulverdampf sich je erhellt.

Danach reckt die Obrigkeit stolz ihre Brust
und sonnt sich im jubelnden Glanz,
erwartet die Ehrung ganz siegesbewusst.
Doch reichen Befehle nicht ganz.

Weil Taten, die letztlich zum Siege geführt,
meist schnell sind geschichtlich vergessen:
Drum Ehre dem, dem Ehre gebührt!

Ein Sieg wird nicht ausgesessen!

Freunde und Freundschaft

Freundschaften

Die erste Freundschaft, die man schließt,
im Sandkasten beim Bauen,
wird einem allzu schnell vermiest,
wird man vom Freund verhauen.

Auch in der Schulzeit sie nicht bleibt,
wenn Banknachbarn verpetzen,
dass man beim Klassentest abschreibt,
und fraglich wird´s Versetzten.

Die echte Jugendfreundschaft dann
denkt man, die ist von Dauer.
Geht´s um ein Mädchen irgendwann
wird selbst der Kumpel sauer.

Die Freundschaft in der Arbeitswelt
wird nur so lang gelebt
bis nach Karriere, Macht und Geld
auch der Kollege strebt.

In Kneipen oft bei Bier und Rauch
wird Freundschaft schnell geschlossen.
Genauso schnell vergeht sie auch
ist´s letzte Bier genossen.

Oft erst im Alter man erkennt,
rückblickend als Beweis,
wen man als echten Freund noch nennt,
wenn spärlich wird der Kreis.

Zweierlei

„Was echte Freundschaft muss begleiten
ist Mitgefühl am andern Sein.
In guten wie in schlechten Zeiten
steht für den anderen man ein."

Gemessen wird der meist der Wert
bei Sorgen und Problemen,
dass man dann nicht den Rücken kehrt
und hilft bei Unbequemen.

Doch wahre Freundschaft sich beweist
nicht nur in dunklen Stunden.
Wer wirklich sich ein Freund denn heißt
kann´s fröhlich auch bekunden:

Ein Freund, der mit dir lachen kann,
für Spaß und Freude sich begeistern,
steht auch bei Sorgen seinen Mann,
um freudig sie zu meistern.

Drum sucht den Freund, der fröhlich ist,
ein Optimist im Ganzen,
weil der bei Sorgen nicht vergisst
dir Hoffnung einzupflanzen.

Freundeszahl

Ein Freund zu haben, das ist fein,
dann ist man nicht so ganz allein,
doch noch viel besser ist ´s zu dreien.

Wie das Brot zum Leben

Um Wichtigkeit zu unterstreichen
bemüht man sich gern mit Vergleichen.
So sagen viele auch mal eben:
„Die Freundschaft sei das Brot zum Leben!"

So ganz stimmt wohl nicht der Vergleich:
Denn Brot wird altbacken sogleich
und bleibt nicht lange wirklich frisch,
liegt es herum so auf dem Tisch.

Niemand mag solchen trocknen Kanten
den gönnt man höchstens noch Vaganten,
oder man kann ihn noch verwenden
am See beim Füttern von den Enten.

Dagegen Freundschaft wird erst fest
die man geduldig wachsen lässt.
wird aufgefrischt beim Wiedersehen,
je länger diese bleibt bestehen.

Ja, Freundschaft, die ist sehr beliebt,
die man mit Freuden weitergibt,
von Freundschaft hat man nie genug,
man leidet höchstens bei Entzug.

Drum ändert den Vergleich gleich hier,
denn Freundschaft ist „Lebenselixier",
wie Wasser, klar und rein halt eben,
das braucht der Mensch wirklich zum Leben.

Wahre Freunde

Ein Freund zu haben, das ist schön,
bei Schwierigkeiten angenehm,
wenn der zu helfen ist bereit,
denn leichter geht es meist zu zweit.

Jedoch sogar in guten Zeiten
ist´s schön, wenn Freunde dich begleiten,
um was Gemeinsames zu machen,
zum Reden, Freuen oder Lachen.

       Doch wie kann Freunde man erkennen,
       wie denn die Spreu vom Weizen trennen?

Freunde sammeln geht zwar jetzt
ganz einfach mit dem Internetz:
Du klickst sie einmal an geschwind
und schon sie deine Freunde sind.
Dann rühmt man sich, viele zu kennen,
die man kaum kann beim Namen nennen
und gar nichts sonst einen verbindet
mit denen, die man derart findet.

In Kneipen an der Theke gleich
machst du zu Freunden jeden gleich
sobald man ein paar Runden gibt,
und jeder sagt, du bist beliebt.
Man bietet an dir schnell das „Du"
und stimmt stets deiner Meinung zu.
Doch Freundschaft, die der Schnaps gemacht,
wirkt wie der Schnaps nur eine Nacht.

Beim Militär als Kamerad
man plötzlich viele Freunde hat.
Du hockst mit ihnen auf der Stube,
teilst Bier und auch die Zahnputztube.
Denn Drill und Leid euch schnell verbindet,
wenn ihr die Hürden überwindet
und kriecht zusammen durch den Dreck.
Doch nach der Dienstzeit sind sie weg.

Auch beim Malochen und Gerumpel
zeigt mancher sich als guter Kumpel.
Der hilft dir Fehler zu vermeiden,
kann so wie du den Chef nicht leiden,
stimmt ein beim Arbeitsstress-Gestöhne,
und schimpft mit auf zu mag´re Löhne.
Doch ob man ihn als Freund auch nennt
wenn man sich Feierabends trennt?

Da muss man sich doch überwinden,
um einen wahren Freund zu finden.
Denn zu´ner Freundschaft, dass merkst du
gehört doch etwas mehr dazu:

Denn beide müssen sein bereit
zu einer Gegenseitigkeit:
Statt sich verstecken - Offenheit
und Aufrichtig- und Ehrlichkeit.
Gemeinsamkeit in den Interessen,
Gönnen können - statt sich messen,
Wertschätzung mit Akzeptanz,
Verständnis und auch Toleranz.

Wichtig auch, dass man besitz
Geist, Humor, und Menschenwitz.
Sowie Geduld, dass man besonnen,
und dass Kritik wird angenommen.

Ihr seht, es braucht schon viel dazu
was man für einen Freund auch tu.
Nur wenn du Menschen zugetan,
wächst wahre Freundschaft auch heran.

Doch bist zum Geben nicht bereit
dann bleibt dir nur die Einsamkeit.

Ein guter Freund

Du lädst großzügig zu ´nem Fest
und merkst, häufig sind solche Gäst´,
die alle sich gleich Freunde heißen,
wenn es umsonst gibt Trank und Speisen.

Du wirst gelobt und hochgepriesen
solang sie das Fest genießen.
Doch ist´s getrunken und gegessen,
wirst oft du dann ganz schnell vergessen.

Kaum einer will als Freund dir scheinen,
begegnest du zufällig einen,
meist wechseln sie die Straßenseiten,
nur mancher flüchtig grüßt beizeiten.

Oder du hörst dann diese Worte,
triffst du auf einen mal im Orte:
„Man müsste sich viel öfter sehen...,
zusammen mal was trinken gehen....
Jedoch... nur heut´ nicht – es ist schlimm –
weil ich so sehr in Eile bin!“

Um Ausreden niemals verlegen,
so trennen sich gar oft die Wegen.

Doch manchmal, wenn auch nicht sehr oft,
stößt du auf einen unverhofft,
der dich nicht nur sofort erkennt,
sondern sogar beim Namen nennt.

Er nimmt sich Zeit, ihm nichts pressiert,
und ist an allem interessiert,
was dir inzwischen ist geschehen,
weil man so lang sich nicht gesehen.

Ein guter Freund, du merkst es schon,
ist wie ein Gutsel, ein Bonbon,
der dir das Leben was versüßt,
ist auch der Alltag grau und wüst.

Vor allem er sich dann bewährt,
wenn dir was Schlechtes widerfährt.
Dann stellst du fest, ganz hocherfreut,
das Leid ist halb so groß zu zweit
und es tut einfach dir nur gut
wenn jemand macht dir etwas Mut,
um dir bei Sorgen beizustehen,
statt bei Problemen wegzusehen.

Doch Freunde soll 'n dich nicht begleiten
allein in schlechten, bösen Zeiten.
Hast du den echten Freund gefunden
genieß´ mit ihm auch frohen Stunden,
könnt euch an Spaß und Freud´ begeistern,
gemeinsam lachend alles meistern.

Und du erlebst das Phänomen
zu zweit wird alles doppelt schön.
Denn Fröhlichkeit – da ist was dran –
das Leben besser machen kann.
Ein guter Freund sehr hilfreich ist
wirst du durch ihn zum Optimist.

Rechtzeitig

Man sollte sofort jede Freundschaft,
die jemand uns als neuen Freund schafft
gemeinsam genießen.
und kräftig begießen
noch ehe der Tod uns dahinrafft.

Ungereimheiten

Man muss sich nicht streiten
bei Ungereimtheiten,
weil manchmal der Witz
kommt spät wie ein Blitz,
nur so, um euch Spaß zu bereiten.

Es ist nicht alles Geist, was blitzt,
und auch so mancher Reim nicht sitzt.
Oft ist´s nicht mangelndes Vermögen,
dass mancher Reim so schlimm verbögen:

Musenkuss

Zum Dichter wird man nicht geboren.
Es braucht die Muse, die uns küsst.
Sonst sind die Verse unvergoren
und was man stammelt ist nur – Mist:

Das Versmaß hinkt, der Jambus stolpert,
so manches ist auch schlecht gereimt,
der Satzbau stelzt, der Rhythmus holpert,
dass man am liebsten drüber weint.

Gern würd´ auch ich die Muse küssen
und schau´ mich um im ganzen Lande.
"Wie sieht sie aus?" müsst´ ich nur wissen,
weil keine Muse ich erkannte.

So küss´ ich deshalb jedes Mädchen,
und wünsch bei jeder insgeheim
– mein Hoffen hängt am seid 'nen Fädchen –
sie wird die echte Muse sein!

Tintenklecks

So manchmal, wenn ich sitz und fechs´*,
hab ich auf dem Papier
ganz plötzlich einen Tintenklecks,
in meinem Reim vor mir.

Er grinsend breitet sich da aus,
ich bin ganz von den Socken,
macht meinen Versen den Garaus,
weil ich komm nun ins Stocken.

Je mehr er auseinanderfließt,
je schwerer fällt es dann
dass Worte ich in Reime gieß,
beend´, was ich begann.

Es ist als ob gleich die Idee
darin mir fast ertrinkt;
in einem schwarzen tiefen See
haltlos hinab sie sinkt.

Kein Löschpapier mich jetzt noch rettet!
Der Klecks, der trocknet langsam an
und, zwischen Zeilen so gebettet,
unüberwindlich werden kann.

Soll ich von vorne nun beginnen,
ergeben mich dem Tintenklecks?
Doch weil die Zeit droht zu verrinnen
ich einfach weiter los drauf fechs´.

Zwar kommt die Dichtung nun zum Ende,
doch das Ergebnis wollt´ ich nie.

Wie ich es drehe oder wende,
der Klecks besiegt mich Reimgenie.

* fechsen = mittelhochdeutsch, verfassen, erstellen

Dichter„los"

Ich sitz´ vor einem Blatt Papier
und überleg´, was schreib´ ich hier:

> Soll mahnend ich den Finger heben
> mit Weisheiten aus meinem Leben?
> Soll ich hier dichten über Sachen,
> die bringen meistens mir ein Lachen?

Und wie ich sinne und hier sitz´,
ich erst einmal die Feder spitz´,
dreh´ auf danach das Tintenfass
und mache meine Feder nass.

> So vorbereitet und gerüstet
> es mich nach Poesie gelüstet
> von Mägdelein und zarten Banden
> und wie die zwei zusammenfanden,
> von Blüten und von Rosenduft
> und der Natur, die sanft uns ruft.

Da merke ich es – zwick und zwack –
wie packt mich da der Schabernack:

> Vielleicht kann ich ja auch berichten
> von Unsinns- oder Sachgeschichten,
> die mit dem Ende vehement
> verblüffen, weil es keiner kennt.

Da stört des Dichters tiefstes Sinnen
vom Küchenherd ´ne Frauenstimmen:
„Was ich gerade denn so treibe?" –

Ich säße hier am Tisch und schreibe. –

„Wenn ich zu tun nichts Bessres wüsste...

> ...dann schreib mir mal die Einkaufsliste!"

Bagatelle

Heut erzähl´ ich auf die Schnelle
einfach eine Bagatelle:
Was passiert, will ich berichten,
als ich einmal wollte dichten.

Saß am Schreibtisch, um zu denken,
den Gedanken Verse schenken,
als da plötzlich mit Gebrumm
summte eine Fliege rum.

Grade fiel ein Reim mir ein,
da sehe ich im Lichterschein,
dass das kleine Fliegentier
setzt sich frech auf mein Glas Bier.

Eigentlich sollt´ mir es schmecken
und sie deshalb dort nicht schlecken,
wo sie hinterlässt nur Dreck.
Deshalb scheuche ich sie weg.

Schwupps – nun wag sie ´s zum Entsetzten
sich auf mein Papier zu setzen.
Mein Stift, der streikt vor der Barriere,
weiterdichten fällt mir schwere.

Ich hol aus und haue zu...
doch sie fliegt davon im Nu,
krabbelt balancierend dann
an dem Zettelkasten lang.

Dann schwirrt sie zur Lampe fort
und dreht ein paar Kreise dort.
Ich sitz da und schau´ nur dumm
nach der Fliege und Gebrumm.

Die Muse hat den Raum verlassen,
kann den Gedanken nicht mehr fassen,
den anfangs doch ja ganz brillant
ich für das Verseschmieden fand.

Weshalb dies kleine Flugobjekt
den Jagdinstinkt nun in mir weckt.
Die Fliegenklatsche in der Hand
verfolge ich sie an der Wand.

Dann fliegt sie hin zum Kanapee,
dann zur Vitrine, wie ich seh´.
Ich schlage zu, eins, zwei und drei...
Die Vase geht zuerst entzwei,
beim nächsten Schlag seh´ ich entsetzt,
wie die Gardine wird zerfetzt.

Ich jag im Zimmer nun umher,
der Fliege immer hinterher.

Was führt sie denn wohl jetzt im Schilde?
Stolziert am Rand von Opas Bilde,
setzt sich dahin, putzt sich in Ruh´.
– Juchhe! – Ich schlage plötzlich zu.

Mit einen „Klatsch" ist es vorbei,
die Fliege nur noch Fliegenbrei
und hinterlässt ´nen feuchten Fleck.

Auch wenn Gebrumm und Fliege weg,
hoff´ ich vergebens auf mein Glück:
Die Muse kommt nicht mehr zurück
und ich verzweifle. Gern ich wüsst´,
wann sie mich einmal wieder küsst??!

So ist erzählt nun auf die Schnelle
von dieser kleinen Bagatelle
und wie auch manchmal kleine Sachen
es einem können schwer doch machen:

> Hat mir die Muse glatt vertrieben,
> bevor ich etwas aufgeschrieben.

Die Idee

Den Anlass da, den weiß ich ja,
wozu die Reimerei.
Da brauch ich mehr als nur „Blahblah",
das sinnvoll das dann sei.

Was ich nur brauch´ ist ´ne Idee,
die Dichtung zu bestreiten,
doch die liegt faul am Kanapee
und schläft und döst beizeiten.

Ich bring ihr eine Tasse Tee,
um sie mal aufzuwecken,
doch gähnt sie nur, meine Idee,
die Glieder räkelnd strecken.

Ich stell´ noch Zuckerkuchen hin
um sie hervor zu locken,
doch kommt sie mir nicht in den Sinn,
bleibt einfach ruhig hocken.

Auch die Musik, Mozart und Bach,
die aus dem Radio schallen,
macht die Idee nicht richtig wach,
um mir dann einzufallen.

Zu guter Letzt fällt mir doch ein,
wie ich sie aktiviere:
Ich brauch dazu ein Glas Branntwein,
oder auch zwei bis viere!

Nun endlich hebt sich die Idee
und kommt mir in den Sinn,
springt munter auf vom Kanapee,
dass ich beschwipst fast bin.

Gedankenblitze zucken jäh
– die schreib´ ich sofort auf –
und reime sie, meine Idee!

Da trink´ ich einen drauf!

Versuche

Ein Mensch, der wollte gern auch dichten,
wie andere als Reimgeschichten
und schwärmt in seinen Tagesträumen,
er würd´ ansonsten was versäumen.

Mit viel Papier und Tintenfass
macht er sich seine Feder nass
und wartet, dass erscheinen müsst´
die Muse, die ihn jetzt auch küsst.

Jedoch die Zeit wir endlos lang,
inzwischen ihm auch etwas bang,
während er wartend noch verweilt,
ob zu ihm solche Muse eilt.

Wenn sie ihn nur ganz leicht mal küsste,
er auch zu dichten etwas wüsste,
wär´ längst mit Schreiben schon gestartet...
jedoch vergebens er da wartet.

Auch wenn erwartungsvoll er harrt,
auf leere Seiten dabei starrt,
kein Vers, ja nicht einmal ein Reim
fällt ihm in dieser Zeit da ein.

Nach Stunden tut es ihm gar weh,
weil gar nichts musisch ihm gescheh´
und er aus Trotz es so gestaltet,
dass aus Papier er Flieger faltet.

> Die kreisen dann im schönen Bogen.
> Dass Dichtung´s wär, ist glatt gelogen.

Es gibt kein Tier, für das der Mensch so viel tut, wie für die Katz´.

Für die Katz

„´s war für die Katz´", so mancher sagt,
der sich mit Reimen hat geplagt,
und traf doch nicht des Pudels Kern,
nur Wortgeschwafel weit und fern.

Des Pudels Kern wirklich zu kriegen,
und punktgenau im Vers obsiegen,
ist leicht gesagt, doch schwer getan,
weil meistens kommt man schwer nur ran:

> Denn kaum ein Pudel hat es gern,
> wenn schleicht die Katze um den Kern,
> so dass die beiden sich beizeiten
> gar heftig um das Spielzeug streiten.

> Dann geht es manchmal richtig rund,
> wenn darum toben Katz´ und Hund,
> durch Haus und Hof, um alle Ecken,
> und dabei die Ideen verschrecken.

> Selbst wenn die Katze zeigt die Krallen,
> lässt sich kein Hund das gern gefallen:
> Des Pudels Kern er laut verkläfft
> und so er seinen Dichter äfft.

Deshalb sei Euch von hier gesagt:
Wer stets des Pudels Kern nachjagt,
der findet dabei einfach nie
die Ruhe für die Fantasie.

Drum einfach los, Worte vereint
und später frei drauf los gereimt,
gebt dem Ergebnis kein Gewicht:

Die Katze lässt das Mausen nicht.

Dichtkunst

Ich schrieb so gerne ein Gedicht,
doch leider kann ich solches nicht.

Ob Goethe, Schiller oder Brecht,
was ich schon schrieb´ ist einfach schlecht,
wenn ich mit ihnen mich vergleich;
ich ihnen nie das Wasser reiche.

Auch Droste-Hülshoff, Eschenbach
sagt Dichterkunst man schon immer nach.
Doch ich nicht mal die Kunst erahne
von Eichendorff und von Fontane.

Wie Hebbel, Herder, Hölderlin,
das alles kriegen immer hin,
oder Hoffmann von Fallersleben...
dafür reicht nicht mein ganzes Streben.

Auch Keller, Klopstock oder Kleist
mir nicht den rechten Weg erweist.
Auch nicht von Lessing, Rilke, Raabe
ich nur die kleinste Ahnung habe.

Mit Uhland, Stifter, oder Storm,
mit denen werd´ ich nie konform.

Ich wirklich keinen Ausweg seh´,
mir fehlt nicht nur deren Idee,
auch Wortwahl und die schönen Reime
hab ich auch in der Regel keine.

Ich hab´s versucht mit Busch und Roth,
doch hatte ich da meine Not
auch so wie Ehrhard, Valentin
bekam ich es nie richtig hin.

Selbst der Tucholsky, Ringelnatz
verbargen mir des Reimes Schatz.
Was sie vollbringen mit Genie,
dass schaffe ich im Leben nie.

So lasse ich das Dichten bleiben,
und werde niemals mehr was schreiben!...

Es sei denn...

Ein Versuch noch nur...

Denn darin bin ich wirklich stur!

Steckenpferd

Es war einmal ein Steckenpferd,
das dichtete ganz unbeschwert.
Es hüpfte über Stock und Stein
und fand dabei so manchen Reim.
fand über tausend kleine Worte
bei seinem Ritt von Ort zu Orte.

Verglich sich nicht mit großen Pferden,
so prächtig konnte nie es werden,
doch wollte es ihm schon gelingen,
auch über manchen Vers zu springen.
Und war es auch etwas zu klein
erklomm es doch auch manchen Reim.

Dabei es fand manche Geschichte,
die lohnte, dass es dazu dichte.
Auch nahm es auf dem frohen Ritt
bunte Ideen ganz einfach mit.
Der helle Spaß war es ihm wert,
dem lieben kleinen Steckenpferd.

So mit der Zeit kam Blatt zu Blatte,
weil es am Reimen Freude hatte,
und fand zu jedem Anlass schlicht
gereimten Unsinn als Gedicht.

Nun hält´s vor Lachen sich den Bauch:
weil ihr müsst zuhören ihm auch.

Gutsel

Ein Gutsel - ja das weiß ich schon -
ist eigentlich nur ein Bonbon,
das alle Kinder lieben sehr
und wovon mögen sie stets mehr.

Auch manch Erwachs´ner sie gern isst,
auch wenn es manchmal „bappich" ist.
Erfreut sich an der schönen Süße
wenn er ein Gutsel mal genieße.

Auch ich möchte Gutsel hier verteilen,
wenn ich darf hier bei euch verweilen,
die süß euch schmecken vor Humor,
was kommt bei Gutseln selten vor.

Jedoch vor allem mit solch Dingen
soll ´s mir am Ende auch gelingen,
dass „bappich" sie am Gaumen kleben
und euch begleiten lang deswegen.

Erinnern sollt ihr euch mit Freud´
was ich gereimt hab wieder heut´,
und statt nachdenklich Stirne runzeln
bei dem Erinnern lieber schmunzeln.

So dass man noch am nächsten Tag
dran denken mit viel Freude mag.

Vor allem mach ich ´s mit Geschick,
denn kein´s der Gutseln macht je dick.

Sinnvolles

Es ist halb Zehn - ich schau zur Uhr -
was soll ich schon im Bette nur,
wie kann die Zeit ich besser nutzen,
als nun vielleicht mein Zimmer putzen?

Drum schreib ich hier, hau in die Tasten,
und will nicht eher damit rasten,
bis mir, von Musen eingegeben,
Sinnvolleres scheint zu erstreben.

Ob das - so mit dem Rebensaft -
noch mein Gehirn so richtig schafft,
das Morgen will ich erst erkunden,
wenn ist der Schwips vielleicht verschwunden.

Doch bisher mir die Worte fließen,
weshalb sie mir spontan erprießen,
vielleicht von Musen auch geküsst,
dass ich zu schreiben auch was wüsst´.
Das wage ich nicht zu verstehen,
ich tippe halt - wir werden sehen.

Ihr müsst den Unsinn nun ertragen,
den ich geschrieben vor paar Tagen,
mit meinem leichten Suselkopf.
Ihr kennt mich ja, mich armen Tropf,
der hier parlierend vor euch steht,
und den Erguss euch nun vorträgt.

Und leider werdet ihr euch fragen,
was wollt´ ich eigentlich aussagen,
statt diese Reime ohne Sinn,
nur weil ich grad am Reden bin.

Doch freut euch - ich komm´ jetzt zum Schluss,
weil irgendwann ja enden muss
der ungegor´ne Redeschwall,
dass dankbar seid ihr endlich all.

Und werd´ ich jetzt nicht ausgepfiffen,
habt ihr sogar den Sinn begriffen.

Lückenfüller

Ich weiß nicht, was heute geschieht:
Ob mir die Muse etwas riet,
ob nur von Lethe aufgeweckt
ich nun so manchen Reim entdeckt?

Auf jeden Fall - der Drang ist groß -
dass ich werd´ meine Verse los
und ihr, ihr armes Publikum,
kommt um das Zuhör´n nicht herum.

Ich schwafle nur, weil es ist fein,
dass mir fällt gleich manch Reim nun ein,
der weder Sinn noch Wahrheit zeigt,
nur dass ich euch bin zugeneigt.

Ich möchte euch mit Wortspiel locken,
ihr sollt ob meinem Vers frohlocken,
genießen, was ins Wort gefasst
und dass die Endung auch noch passt.

Zuviel verlangt - ich weiß es schon -
wär dafür gar noch etwas Lohn
vielleicht gebt ihr mir was Applaus,
wenn meine Verse sind gleich aus.

Dann wäre ich schon hocherfreut
für meine Dichtung, ich bracht heut´,
auch wenn sie nur mit Wortes Hüllen
die vielen Zeilen konnte füllen.

Doch manchmal besser was gereimt,
auch wenn es keinem wertvoll scheint,
denn ich geb´ zu - ganz unumwunden -
dass ich nur etwas Zeit geschunden.

Mäid in Dschörmänie oder „Echt Deutsche Dichtung"

Vergil´, Sokrates´, Platos Sprüche
werden als Weisheit gern zitiert. –
Mein Kunstwerk dient in Klo und Küche,
bis dort wird endlich tapeziert.

Shakespeare schrieb englisch in Sonetten,
Voltaire Französisch und in Reimen. –
Was ich hier dichte, möchte´ ich wetten,
interessiert wahrscheinlich keinen.

So sehr man sich auch tüchtig plagt,
bemüht das Hirn und auch Genie,
bleibt Anerkennung mir versagt,
auch wenn meins „Mäid in Dschörmänie".

Denn mein Werk, das ist Qualität,
mehrfach geprüft mit Akribie:
Darin kein einzig Fremdwort steht,
gesiegelt: „Maid in Dschörmänie"!

Den Zeitgeist such ich einzufangen,
auch wenn der Syntax stimmt fast nie,
in Reimen soll es mir gelangen,
mein Dichtwerk: „Mäid in Dschörmänie"!

Mein Versmaß humpelt oder stolpert.
Fünf Füß´ am Jambus? Doch nur wie?
Auch wenn beim Vortrag es dann holpert,
seid sicher: „Mäid in Dschörmänie"!

Kein Plagiat, nichts imitiertes,
nichts abgekupfert, ausgelieh´.
Nur Eingefall´nes, Hingeschmiertes,
doch immer: „Mäid in Dschörmänie"!

Mein Werk soll in Kalendern stehen,
bekannt als Dichtkunst, Poesie,
auf dem Plakat allseits zu sehen,
geprüftes: „Mäid in Dschörmänie"!

Gourmet

So mancher ist ein „Wort"-Gourmand,
nascht in sich rein so allerhand,
weil ihm die Menge macht Vergnügen
und Schlemmerei will ihm genügen,
statt dass als Feinschmecker er schmeckt
und den Genuss dabei entdeckt.
Ich bin beim Dichten ein Gourmet,
benutzt das ganze Alphabet,
um Sinn und Weisheit abzuschmecken,
dass wir uns alle Finger lecken.
So kann ich zeigen meine Kunst,
um zu erringen höchste Gunst.
     Doch selbst beim schönsten Weitergeben,
     geht manchmal auch etwas daneben.

So nett

Auch ich wollt´ ein Sonett gestalten,	a
im Rhythmus und in feinen Reimen,	b
zusamm´gefügt im Insgeheimen,	b
so wie es ehedem die Alten.	a
Bevor ich habe angefangen,	c
mir auch den Syntax eingebläut.	d
An dem Ergebnis merkt ihr heut´,	d
wie schwer mir fiel dies Unterfangen.	c
Der Vers fließt schwerlich aus der Feder.	e
Es kann halt wirklich nicht ein Jeder,	e
den nicht die Muse auserkoren!	f
Solang´ es aber stört noch keinen	g
bleib weiter ich bei Schüttelreimen!	g
wenn nicht als Dichter ich geboren.	f

William Shakespeare hat die Gedichtform des Sonetts bekannt gemacht.
Ein Sonett besteht aus 14 metrisch gegliederten Verszeilen, die in vier
kurze Strophen eingeteilt sind: In zwei Quartette und zwei sich daran
anschließende Terzette. Das Reimschema ist dabei: abba cddc eef ggf.

Heimatdichter

Er nannte sich ein Heimatdichter,
marschierte durch das ganze Land
und wo die Heimat wurde lichter
er gleich etwas zum Dichten fand:

Im Wald, wo Stämme man gehauen
und eine Rodung blieb zurück
sind tausend Triebe bald zu schauen,
die pflanzt´ er auf dies leere Stück.

Wo Wiesen drängten weg den Wald
er streute Eckern, Eicheln, Samen,
dass diese Lücke schließt sich bald
und wird gerecht der Heimat Namen.

Wo sich der See im Bach entleerte
und floss ab durch ein großes Loch,
er mit paar Steinen es versperrte
und macht mit Moos es dichter noch.

Und wo ein Tal den Berg durchgraben,
ein Erdrutsch schüttet er darauf.
Er will kein Loch irgendwo haben,
da passt der Heimatdichter auf.

Wo war ein Dorf einsam zu schauen,
fernab im tiefen, dunklen Tann,
fing er an Häuser gleich zu bauen,
dass sich die Heimat füllte dann.

Nie man den Dichter wo vergisst,
wenn irgendwas zu dichten ist.

Doch, handwerklich so ungeschickt,
ist´s mir als Heimatdichter zu verzwickt.

Muse oder Wein?

Da hat mich doch zur späten Nacht
die Muse nicht nur angelacht,
und weil sie unentwegt mich küsst,
ans Schlafen nicht zu denken ist.

> Auch hilft mir noch ein Gläschen Wein
> dass mir fällt spät so vieles ein.

Nun muss ich die Gedanken richten,
in Verse fassen, Reime dichten,
was in die Feder sich mir drängt,
ganz ohne Zeitdruck unbeengt.

> Schon schenke ich mir munter ein
> ein zweites Gläschen von dem Wein.

Nur noch, so ab und zu, ich mag
vernehmen mal den Glockenschlag,
doch längst vergaß ich mitzuzählen
seit ich den Musenkuss wollt wählen.

> Oweh, die Flasche Wein ist leer!
> Da hol´ ich schnell noch eine her.

Das lässt mir nun zu nächtlich Zeiten
die Feder am Papier hingleiten,
auf dass ich schreibe Zeil´ und Zeilen
ohne nachdenklich zu verweilen,
um die Gedanken festzuschreiben,
die zur Erbauung übrig bleiben.

Auch wenn ich jetzt will noch nicht wagen,
ob sie tatsächlich was aussagen.

Jedoch - fällt mir nun plötzlich ein -
vielleicht beflügelt mich der Wein,
den stetig ich aus meinem Glase
mir schütte unter meine Nase?

So wäre es die Muse nicht,
die heute Nacht so zu mir spricht.

Doch selbst wenn ich dem Wein verdanke
so manch einen schönen Gedanke,
den Zweifel hab ich schnell besiegt,
weil doch im Wein die Wahrheit liegt.

Vergleich

Will mich mit Goethe nicht vergleich,
mit ihm, dem wahren Denkgenie.
Kann ihm das Wasser niemals reichen,
schon der Versuch wär´ Blasphemie.

Doch was mit Goethe mich vereint:
Er hat so gern wie ich gereimt!

Ein Mensch

Ein Mensch, der wollt´ es einmal wagen,
sein eigenes Gedicht aufsagen.

Zuerst in seinem Kopfe keimt
ihm der Gedanke, ungereimt.

Er findet die Idee sehr gut
und fasst daher nun auch den Mut,
weil es erscheint ihm opportun
es großen Dichtern gleichzutun.

Doch wie wird ein Gedicht verfasst
in den auch sein Gedanke passt?

Er sucht nach Versmaß und nach Reim,
doch fällt ihm erst mal gar nichts ein.
Dann nutzt er schlau den Bücherschrank,
in dem steh´n Bücher reihenlang.

Ein Mensch sucht darin nach Gedichten,
die passend sind zu der Geschichten,
die er doch wollt´ in Verse zwingen,
um sie gereimt dann vorzubringen.

Da stellt er fest, dass die Idee
manch Dichter band schon zum Bouquet
von Worten, schön im Vers und Reim,
der ihm bisher nie fielen ein.

Ein Mensch verliert dadurch den Mut,
stellt fest, nie wär´ er ähnlich gut,
und er beschließt zu Festtagstagen
nur Fremdgedichte vorzutragen.

Trotz alledem

Was mach ich nur, was mach ich nun?
Ich hab zur Zeit gar nichts zu tun.
Ich sitz gelangweilt einfach hier
vor einem leeren Blatt Papier.

Ich könnte dort paar Kringel malen,
auch schreiben hin ganz viele Zahlen,
als Kritzelkratzel der Stift eile
und krakelt was aus Langeweile.

Ich könnte auch, wenn´s mir gelänge
und ich mein Hirn etwas anstrenge,
gar Sinniges in Worte fassen,
um ein Gedicht da zu verfassen.

Da doch die Muse nicht geneigt,
dass sie sich jetzt mir wieder zeigt,
weil sie wohl noch ist unterwegs
sie mich nicht küsst – wie sonst sie tät´s.

So denn ich tue mich recht schwer.
Noch bleibt das Blatt Papier recht leer
Kein Vers fällt mir deshalb nun ein,
kein Wortspiel und erst recht kein Reim.

Ich stiere auf die leere Seiten,
nichts steht da von dem Blitzgescheiten,
Ich kann da noch recht lang verweilen,
doch nichts füllt so die leeren Zeilen.

Muss ich mich nun geschlagen geben
weil mir halt mal nichts einfällt, eben?

Nein, nein! Die Schmach ich lass nicht zu!
Ich schreibe einfach was dazu,
damit ich – ohne Reim und Sinn
doch immer noch ein Dichter bin.

Blaue Hortensie

So wie das letzte Grün in Farbentiegeln
sind deren Blätter: Trocken, stumpf und rau.
Dazwischen Blütendolden, deren Blau
als Farbe sie vom Himmel widerspiegeln.

Verblassend zeigen sie es zwar nur ungenau,
als wollten sie es bald schon ganz verlieren,
und wie in alten blauen Briefpapieren
ist Gelb in ihnen, Violett und Grau.

Verwaschen wie bei einer Kinderschürze,
Nichtmehrgetragenes, dem nichts mehr geschieht,
als Zeichen für des schönen Sommers Kürze.

Doch plötzlich scheint das Blau sich zu erneuen
in einer sprießend Dolde, und man sieht
ein rührend Blaues sich von Neuem freuen.

Das Blau gibt Hoffnung und verkündet Stärke,
dass ist der Sommer noch nicht ganz vorbei
und der Natur bestaunt man ihre Werke,
was Mut zum Leben uns verleih´.

Träumer

Ich bin ein Träumer, Sternenspringer
und so Realitätsbezwinger,
um mich in Schönem nur zu wiegen –
das Schlechte lasse ich links liegen.

Wer für Romantik sich erwärmt,
die sich als blaue Blume zeigt,
dabei von Fantasien schwärmt
ist jedem Blümchen zugeneigt.

Gänseblümchen

Die blaue Blume der Romantik
ist in der Fauna nicht bekannt.
Drum würd´ im Sinne der Semantik
gern jedes Blümchen so benannt.

Selbst ´s Gänseblümchen dort im Grase
wäre so gern dies Blümelein,
doch kriegt ´s ´ne depressive Phase
weil für Romantik war ´s zu klein.

Ganz traurig war ihm gar nicht wohl,
so unscheinbar im Grase,
es griff deshalb zum Alkohol,
und trank Schnaps aus dem Glase.

So nach und nach wurde es blau
von gar zu viel Promille. –
Das sah dann auch die Gärtnersfrau
und pflückt ´s in aller Stille.

Das Gänseblümchen, was im Grase
war für Romantik zwar zu klein,
steht stolz nun dort in einer Vase.
und kann ein „Blaues Wunder" sein.

Zauberhaft

Der Tag vergeht, die Sonne leidet
und wirft bald lange Schatten.
Wenn sie vom Firmament hinscheidet
Farben zum Grau ermatten.

Unwirklichkeit greift langsam Raum
und Ruhe macht sich breit.
Man schwebt im Nichts, fast wie im Traum,
als stehe still die Zeit:

Die Phantasie schwebt leis´ herbei,
vernebelt uns die Sinne.
Verstand und Logik geh 'n vorbei,
dass Freiheit man gewinne.

Der Geist sich von der Erde hebt,
zum Äther fliegt empor.
Bis er danach hernieder schwebt
kommt´s zauberhaft uns vor.

Wenn guten Feen auch noch erscheinen,
dann werden Träume vielleicht wahr.
Such aus dir von den liebsten einen,
so wird die Nacht ganz wunderbar.

Eloge über „Der Liebe sehnsuchtsvolle Stimme"

Der Liebe sehnsuchtsvolle Stimmen,
von denen mancher Dichter schwärmt,
die hör´ ich weder drauß´ noch drinnen,
weil der Verkehr vorm Fenster lärmt.

Da quietschen laut die Straßenbahnen,
es rumpeln LKWs vorbei,
und hunderte von Autos fahren
auch Krad-Geknatter ist dabei.

Die Fahrradklingeln schrill erklingen,
auch Busse brummen tief wie nie,
und laut die vielen Reifen singen
zusammen als Kakophonie.

Ich flüchte mich aufs Land hinaus
wo mich die Stille soll betören,
doch höre ich dort voller Graus
wie viele Laute dort auch stören:

Als erstes will mich gleich beirren
von Vögeln überall Geträller,
von den Insekten lautes Schwirren
vom Wald Geräusche durch Holzfäller.

Die Trecker tuckern auf den Wegen,
ein Hahn kräht aufgeregt am Mist
die Hühner gackern auch deswegen,
und Hundgebell zu hören ist.

Die Schafe blöken auf der Wiesen,
der Kirchturmuhren Glocke schlägt
die Ruhe muhend Küh´ vermiesen,
weil Wind den Schall laut zu mir trägt.

„Der Liebe sehnsuchtsvolle Stimme",
von der hab ich gar nichts gehört,
nicht mal etwas in ihrem Sinne,
weil stets mich hat ein Lärm gestört.

Gedicht über Dich

So gern schriebe ich
ein Gedicht über Dich.

Doch wie krieg ich´s hin
wenn kein Dichter ich bin?

Welch´ Worte könnten beschwören
wie´s ist, Dein Lachen zu hören?

Welch´ Bilder könnte ich malen,
die wie Deine Augen hell strahlen?

Welch´ Reime denn passende sind
zu wehenden Haaren im Wind?

Welch´ Vers verständlich belegt,
wie Du Dich mit Anmut bewegst.

Und unbeschreiblich bleibt es auch
das Kribbeln durch Dich dann im Bauch.

Es will mir gelingen halt nicht...
Du bist schon so wie ein Gedicht!

Dich kann man nicht auswendig lernen,
bleibst unfassbar wie von den Sternen.

Doch möchte ich gerne es wagen
zu lesen Dich an allen Tagen.

Du

Kamst wie durch Zufall in mein Leben,
hast Wärme mir und Halt gegeben.
Es ist so gut, geliebt zu werden,
das größte Glück auf dieser Erden.

Hab´ ohne Suchen dich gefunden,
bin durch mein Herz an dich gebunden,
es kitzelt, brennt, ja tut fast weh.
wenn ich dir in die Augen seh´.

Es ist so schön, dass es dich gibt,
bin rettungslos in dich verliebt!

Mäuschen

So gern wär´ ich ein Mäuschen klein.

Ich schlich mich heimlich bei Dir ein
und könnte dann, ganz ungesehen,
Dich heimlich aus der Näh´ erspähen.

Ich würde Dein Gesicht studieren,
die Lachfältchen, die Dich schön zieren,
auch säh´ ich mehr von der Figur,
wär´ ich ein kleines Mäuschen nur.

Ich könnt´ in Ruh´ dich observieren,
du würdest dich auch nicht genieren,
wenn du zu Bette wolltest gehen,
denn du würdest mich ja nicht sehen.

Dann wär´ ich näher Deinem Mund
den vielversprechend spitzt Du und
könnt´ gar von einem Kusse träumen,
wär ich zuhaus´ in Deinen Räumen.

Sogar ins Bad könnte ich huschen,
wenn du wärst dort um dich zu duschen,
und was ich da bekäm´ zu sehen,
bestaunte ich aus aller Nähen.

Wenn Du bemerkst mein Trippeln, Trappeln,
Du müsstest Dich sogar aufrappeln,
um neugierig zu reagieren,
was würde mich sehr amüsieren.

Jedoch kriegst Du dann einen Schreck,
dann lauf´ ich schnellstens wieder weg,
versteck mich deshalb lieber noch
in einem kleinen Mauseloch.

Vielleicht lockst du mich da hervor,
zupfst zart mich nur am Mauseohr
und magst mich, weil ich putzig, klein.
Dann würd´ ich gern dein Mäuschen sein.

Jugendliebe

Schön ist es doch mit unserm Geist,
der hilfreich sich dadurch erweist,
dass meistens er will Gutes stärken,
indem wir uns auch das nur merken.

So ist es auch nach langer Zeit,
wenn ist schon Jugend fern und weit,
dass dann in der Erinnerung
aus Zeiten, als man frisch und jung,
nur schöne Bilder noch aufsteigen,
als hing der Himmel nur voll Geigen.

Denkt an die Liebelei zurück
und wie erlebte man das Glück,
so scheint auch hier es rosarot
und alles war da stets im Lot.
Selbst wenn Erhofftes trat nicht ein,
erscheint es heut uns leicht und klein.

Man denkt mit Wehmut manchmal dran,
wie schön es damals einst begann,
ans Küssen, Lieben und ans Herzen,
vergisst die schlechten Seelenschmerzen,
die es bestimmt hat auch gegeben –
das Auf und Ab im ganzen Leben.

Mit Bildern aus den alten Tagen,
die viel Gefühle ins sich tragen,
erinnert man sich gern der Zeit,
der inniglichen Zweisamkeit
und seufzt dazu, weil es vorbei,
die unbeschwerte Liebelei.

Doch wenn das Leben ging auch weiter,
so bleibe einfach man nur heiter,
weil es auch ganz viel später geht,
dass man sich immer noch versteht.

Ballade vom Mädchen im Moor

(inspiriert durch Anette von Droste-Hülshoffs „Knabe im Moor)

Die Nacht bricht ein. Nur fahles Licht
scheint übers düstre Moor.
Den schmalen Weg sieht man fast nicht.
Gespenstig wiegt das Schilf sein Rohr.

Und hinter Wolkenfetzen bleich
verbirgt der Mond oft sein Gesicht.
Und über ´s schwarze Totenreich
der Nebel wabert dicht.

Ein Mädchen eilt in schneller Hast
im schwachem Licht der Blendlaterne
durch dunkle Pfützen und Morast
zur Kate heim in weiter Ferne.

Zwar kennt ´s den Weg - wenn auch bei Tag,
wenn hell die Sonne lacht -
doch jetzt es ihn nicht gehen mag
allein in düstrer Nacht.

Denn tückisch ist der Heimwärtsweg
durchs Moor, auf schwankend Boden,
weil nur auf einem engen Steg
gibt Halt der Binsensoden.

Daneben ölig schimmernd Pfützen,
die drohen mit grundloser Tiefe.
In diesem Schwarz kann nichts mehr nützen
und niemand hülfe, wenn man riefe.

Von Mutter kam der gute Rat:
„Bleib stets auf diesem rechten Pfad,
und lass dich nicht verleiten,
von Lockungen und Albernheiten.
Du könntest schnell darin versinken,
und im Morast ertrinken!"

Noch achtet es, so Schritt auf Schritt,
vom Weg nicht abzuweichen,
doch zögert dann beim nächsten Tritt...

Ein Schauspiel ohnegleichen!

Da züngeln blau an Astes Spitzen
wie kleine Flämmchen wunderbar,
Elmsfeuer, die im Dunkel blitzen
ganz zauberhaft fürwahr.

Sie springen fort von Ast zu Ast,
bald blinkt es ringsumher.
Das Kind hält ein in seiner Hast
bewundert ´s Leuchten sehr:

„Nie Mutter mir davon berichtet,
was Schönes es vom Weg ab gebe.
Vielleicht ist alles nur erdichtet,
dass ich nach anderem nicht strebe."

Vom Leuchten, wie von Zauberhand,
das es noch nie gesehen,
ist es verzückt und ganz gebannt.

So musste es geschehen:

> Denn die Verlockung wird so groß,
> die Lichter einzufangen.
> Das Mädchen läuft gedankenlos,
> um zu dem Zauber zu gelangen.

> Doch kaum es nach dem ersten greift,
> blinkt es schon wieder anderswo
> Das Kind von Licht zu Lichte schweift
> dort in dem schwarzen Nirgendwo.

> Und wieder blinkt es weit weg bläulich,
> dem eilt es fröhlich hinterher...

Und die Geschichte endet gräulich:
Man sah das Mädchen nimmermehr.

Und übers Moor geht nun ein Schatten
und kühl weht nur ein scharfer Wind.
Und alle Warnungen, die hatten
bewahren können nicht das Kind.

Schauergeschichte

In der Kirche kühlen Mauern,
will es einen recht erschauern,
wenn dort nachts ist er allein
bei nur einer Kerze Schein.

Und die Schatten sich fortpflanzen,
an den kahlen Wänden tanzen.
Kühl vom Wind wird er umweht,
wenn er zu dem Stricke geht.

Hoch vom Turme hängt der runter,
in dem Mäuse sind nur munter.

Hierher wurde er befohlen,
niemand anders wollt´ man holen,
der in dieser düstren Nacht
diese schwere Arbeit macht.

Doch dem Küster nur es frommt,
dass man in die Kirche kommt,
denn zum Strick muss er sich wagen,
soll doch gleich die Glocke schlagen
und sie dröhnend klingt und singt,
dass die Nachtmesse beginnt.

Zündholz und Kerze

Ein Zündholz musste der Kerze verkünden,
es habe den Auftrag, sie anzuzünden.

Die Kerze erschrak: „Nur das bitte nicht,
denn wenn ich verbrenne, dass leuchtet mein Licht,
da sind meine Tage gezählt, ich werde vergehen,
und keiner wird meine Schönheit mehr sehen."

„Ist kalt und hart zu bleiben dein Bestreben",
fragte das Zündholz, „ohne vorher zu leben?"

„Aber Brennen tut weh und verzehrt meine Kraft",
flüstert die Kerze vor Angst nur zaghaft.

Das Zündholz sagte: „Fürchte dich nicht,
wir sind doch berufen zu werden zu Licht.

Was ich kann ist wenig: Ich kann nur kurz machen,
dass mein kleines Feuer will dich nun entfachen.
Doch dein Sinn des Lebens", gab ´s zu Bedenken
"ist hell aufzuleuchten und Wärme verschenken.

Die Kraft, die du hergibst, verwandelt zu Licht
wenn du dich verzehrst, geht verloren doch nicht!
Dein Feuer wird von denen weitergetragen,
den du spendest damit ein Wohlbehagen!

Sie nehmen es mit, dein erhellendes Leuchten,
mit dem sie den Gram aus Gedanken verscheuchten.
Als Flamme des Lebens scheinst du in die Herzen,
das ist doch der Sinn für euch jede der Kerzen.
Dadurch wirst wirklich von allen gemocht."

Erwartungsvoll spitzte die Kerze den Docht:

"Dem ich mich doch nicht versagen kann –
ich bitte dich herzlich: Zünde mich an!"

Als aller Blumen Königin
so gilt die Rose doch schlechthin.
Mit Duft und ihrer Blüten Pracht
sie sich zum Liebeszeichen macht.

Jedoch, auch dornenreich sie ist,
wie ihr aus der Erfahrung wisst,
denn auch bei Liebelei im Leben
geht schmerzhaft manches auch daneben.

Im Nibelungenlied kann man es lesen:
Der Liebeswahn ist schuld gewesen,
dass die Burgunden hingerafft
durch dieser Blumen Wirkungskraft:

Krimhilds Rosengarten

Krimhilde, die war sehr edel und schön
und ließ sie sich bei ihren Rosen mal seh´n
sofort alle Herzen der Ritter erglühten,
die inbrünstig sich um die Schönheit bemühten.

Sie träumten von Küssen auf den roten Mund,
der war wie die Rosen so frisch und so rund,
und was unterm Kleide war da noch versteckt,
das hätten sie gerne auch einmal entdeckt.

Und bald war kein Ritter mehr richtig gescheit,
weil Sehnsucht und Lust verbreiteten Neid.
Drum Krimhilde sprach: Nur der Beste der Gleichen
könne durch einen Wettstreit ihr Herz je erweichen.

Sofort stritten Ritter sich wie Hundetölen
um Krimhildes Gunst, dass mit lautem Grölen
erklirrten die Schwerter, herrscht´ Kampf und Geschrei.

Auch Siegfried aus Xanten war damals dabei,
der für alle Recken war einfach zu gut,
weil er doch geschützt durch des Drachen sein Blut,

Deshalb er als Sieger den Wettstreit gewann,
gezogen in Krimhildes liebreizend´ Bann.
Er pflückte die Rose, die schönste vom Strauch,
und heiratet sie, wie es damals war Brauch.

Doch Siegfried, der Held und der Drachentöter,
war leider bisweilen auch ein Schwerenöter:
Kaum er auf ´nem Ausflug Brunhilde erblickt,
war wieder er von einem Weibe entzückt:

Ihr blassblondes Haar floss herab wie von Gold,
umschmeichelt den Hals und die Rüstung ihr hold,
wo an den gewissen so brusthohen Stellen
sich formten zwei wunderschön rundliche Dellen.

Schön wie eine Rose, in weiß dieses Mal,
erlagt Siegfried wieder der Hübschen fatal.

Er redet´ dem Schwager, dem Gunther, drum ein,
dass der die Verlockung zum Weib sich könnt´ frei ´n.
Dann wäre sie schließlich auch Siegfried stets nah,
worin er für sich einen Vorteil wohl sah.

Jedoch Islands liebreizende Königin,
die gab sich nur einzig dem Rittersmann hin,
der in einem Kampf sie konnt´ siegreich bezwingen,
um ihr starkes Herz zum Entzünden zu bringen.

Obwohl Siegfried Krimhild sein Weib doch längst nannt´
war heillos er für diese Schönheit entflammt,
gewann mit der Tarnkappe als feige List,
dass sie nach dem Sieg Gunthers Weibe nun ist.

Doch nachts flog beinahe der Schwindel dann auf,
weil der schwache Gunther hatt ´s einfach nicht drauf.
Wie sehr er bemüht´ sich um Brunhildes willen,
konnt´ er doch ihr wildes Verlangen nicht stillen.

„Ich brauche" so tönt ´s durch die Burg, „einen Mann,
der auch in der Liebe mich bezwingen kann!
Kein Frauenversteher, Gefühlsduselei,
kein Minnesangspieler und auch kein Weichei!"

So musst´ wieder Siegfried, der Krimhild ihr Mann,
in Brunhildes Bette zum zweiten Mal ran,
wo er durch der Tarnkappen Schutz sie dann macht
zum jubelnden Weibe in der Liebensnacht.

Bald hatte er es jede Nacht richtig nett,
in Krimhildes oder in Brunhildes Bett
und fand so sein Leben ab jetzt wunderschön,
das könnt´ wegen seiner noch lange so geh ‘n.

Jedoch wegen Eitelkeit der beiden Frauen
konnt´ er auf Verschwiegenheit nicht lange bauen:
Denn bei einem Streit Krimhild stolz verkündet,
wen nächtens Brunhild im Bett bei sich findet.

Die sann nun auf Rache für Trug und für Schmach
und schickte den Hagen dem Siegfried gleich nach,
dass der mit dem Speer an des Lindenblatts Stelle
durchbohre den Siegfried gar tödlich und schnelle.

Doch rächt sich der Fluch dieser so bösen Tat
und Brunhildes Hagen hat bald den Salat,
denn Krimhild, die Witwe, sich Rache ersann
und nahm sich den König der Hunnen zum Mann.
Lud alle zur Hochzeit zum Hof von dem Etzel,
wo sie dann befahl ein gar furchtbar Gemetzel:

Als erstes starb Hagen, wie einst auch ihr Mann,
dann kamen die anderen Helden auch dran,
und schließlich – so wissen es die alten Sagen –
wurd´ Krimhild von Dietrich zuletzt auch erschlagen.

So gingen sie unter, die alten Burgunden,
zudem war der Schatz mit dem „Rheingold“ verschwunden,
wenn wackere Recken im Leben nur schauen
und (g)eifern stets nach der Liebe der Frauen.

Drum, ihr edle Ritter, auf dies Liedchen höret
wenn Weiblichkeits Schönheit euch wieder betöret:

Brecht nur eine Rose, die duftend und schön,
und lasst alle andern im Garten doch steh´n.

Schaut hier auf das Ende und seid doch gescheit:
Begnügt Euch am besten mit nur einer Maid.

Kunst und Künstliches

Surrealismus

Am Schreibblock zuhause, wo ich will grad sitzen,
komm ich bei dem Thema doch sehr arg ins Schwitzen,
verzieh´ irritier dabei gleich ´s Gesicht,
denn malen, das kann ich doch leider gar nicht.

Denn meist wird an Surrealisten gedacht,
die künstlerisch was auf die Leinwand gebracht.
Ich kenn nur den Dali, Magritte und Miró
doch wahrscheinlich gibt es noch mehrere so.

Zu zeigen, was über der Wirklichkeiten schwebt
das hat mich bislang noch niemals bewegt.
Zwar lieb ich von Herzen auch die Fantasie,
doch sie auch zu malen, das wagte ich nie.

Noch schlimmer es wird, was in Worte zu fassen,
und höheren Unsinn sogar zuzulassen,
zusammenhanglos paar Begriffe zu sammeln
und diese dann sogar noch laut vorzustammeln.

Als surrealer Dichter fällt mir keiner ein,
doch André Breton soll der wichtigste sein,
und auch der Novalis hat etwas geschrieben,
doch ist nichts in Erinn´rung mir davon geblieben.

Doch da dies das Thema - ich hab ´s nicht bestimmt -
nun doch meinen Ehrgeiz so völlig einnimmt,
drum hab ich mich auch surrealistisch getraut
und folgende Reime zusammengebaut:

> „So wirrende Worte, durch Träumen und Lethe
> die zwingen zum Schreiben mich jetzt noch so späte
> auch Fantastereien, beim Thema konfus,
> ich irgendwie doch zu Papier bringen muss.
> Sie quell 'n aus dem Sinn mir glatt in die Feder,
> dass sie muss nun hören von euch doch ein jeder.

Im Herzen dem Künstlern so innig vereint,
der öfters die Dichtung der Laien beweint,
inmitten der Kerzen in manch´ frohen Stunden,
wenn Zeiger die schmelzenden Uhren umrunden,
vergieß ich auch Tränen auf sandigem Grunde
auf den treten Freunde die Spuren im Grunde.

Das Meer rauscht verlegen bei Ebbe und Flut,
doch nicht einmal das tut dem Werke noch gut,
wenn es nur mit Wasser die Springflut vermag
dass sie manchem einfach das Dichten versag."

Dann brauchtet ihr auch nicht noch weiter zuhören,
womit ich die Ruhe hier wollte euch stören.

*Als Surrealismus bezeichnet man eine Strömung in Literatur, Malerei, Film
und Fotografie, die um 1920 in Paris entstand. Der Begriff Surrealismus
kommt aus dem Französischen bedeutet also wörtlich: „über der Wirklich-
keit".*

Die Büste

Wenn ich es doch nur wüsste
von wem die schöne Büste
im Hofgarten sich mir da zeigt,
die mir ihr Haupt entgegen neigt.

Ich würde sie ja fast anbeten,
die wunderschöne junge Maid.
doch schweige ich etwas verlegen,
gebannt von der Freizügigkeit.

Ihr Wesen ist anmutig schön,
aus weißem Marmor anzuseh´n,
die Züge im Gesicht so zart
in so ganz jungfräulicher Art.

Das Haar gelockt die Stirn umringt,
umschmeichelt auch ihr zierlich Kinn,
fällt auf die Schultern leichtbeschwingt
bis zu dem Busenansatz hin.

Ihr süßer Mund nur etwas schmollt,
als hätt´ sie einen Kuss gewollt,
und Augen blicken an mich klar,
als wär´ ihr Märchenprinz ich gar.

Ich schmelze dabei gleich dahin,
fühl zugetan mich einfach nur
und glückselig ich dabei bin,
auch wenn sie ist aus Stein doch pur.

Und während ich bestaun´ das Kind,
da plötzlich ein paar Vögel sind.
Sind Meisen es, sogar zu zweit
in ihrem bunten Federkleid.

Sie hüpfen auf und hüpfen nieder,
auf Kopf und Nase oder Kinn,
ohne Respekt und immer wieder,
dass ich ganz deputiert nun bin.

Die Schönheit, die sie da benutzen,
mit ihrer Frechheit sie verhutzen,
um dann mit Dreistigkeit, die Meisen,
das schöne Standbild zu besch... umkreisen.

Wenn ich „Den Denker" seh´ von Rodin,
kommt ein Gedanke mir doch in den Sinn:

Die Skulptur

Vornübergebeugt sitzt aus Bronze ein Mann,
dem die harte Arbeit man ansehen kann:
Athletischer Körper mit Muskel bepackt,
der scheint es gewohnt, dass er auch zupackt.

Die Kunstkritiker aber es in ihn reindeuten
dass er zählt nicht zu arbeitenden Leuten.
Sein Blick sei doch hier nach innen gerichtet,
als ob er was denkt oder grade was dichtet,
ob eine Idee den Kopf macht ihm schwer,
den er mit der Hand drum stützt ab daher.

Die Plastik hat Auguste Rodin modelliert,
die man als „Der Denker" nun interpretiert.
Rodin von der „Göttlich´ Komödie„ begeistert,
die Dante als sein größtes Werk hat gemeistert,
hat so, durch den Inhalt ganz tief inspiriert,
sein „Höllentor" mit dem Dante darin modelliert.

 Auch ich sitz´ in der Position manches Mal so,
 doch nicht vor ´m Museum – sondern am Klo.

Einfaltspinsel

Ein Pinsel liegt im Atelier
am Rande einer Staffelei
und hofft, dass endlich er mal seh`
´nen jungen, hübschen Nackedei.

Ja, so ein Mädchen, das für Stunden,
dem Meister als Modell dann sitzt,
das hätte er sehr schön gefunden,
wo ganz viel nackte Haut aufblitzt.

Das Licht, das würde sie umfluten
und ruhig könnte er erkunden
die Stellen, wo er würd´ vermuten
die Formen, die so zartweich runden.

Und wenn sie sich dann rekelnd streckte,
und ´s Tuch verrutscht und noch mehr zeigt,
wer weiß, was er da noch entdeckte...
Dem wär´ er auch nicht abgeneigt.

Und auf die Leinwand würd´ er malen,
die sanften Linien der Natur,
und übers Pinselhaar dann strahlen,
als ob er streichelt die Figur.

Da spottet ihm die Staffelei,
dass er ein „Einfaltspinsel" sei:

>„Da kannst du Pinsel lange hoffen,
>sei nur nicht allzu arg betroffen,
>denn schon seit anno Domini
>herrscht hier im Kloster Prüderie."

Das Gemälde

Im Wohnzimmer, da fehlt was sehr:
Wo steht das Sofa breit und schwer
die Wand ist kahl, die Wand ist leer
und zeigt nur weiße Wand daher.

„Ein Bild soll diese Wand da schmücken",
ruft meine Frau, „es soll uns glücken
gleich morgen etwas zu erstehen,
was dann gerahmt ist dort zu sehen."

Wir alle Galerien ablaufen;
um irgendwo ein Bild zu kaufen.

Doch bei der Auswahl ist vertrackt,
dass meine Frau mag nicht Abstrakt,
und meint, die Farbenkleckserei
für´s Wohnzimmer nicht passend sei.

Bei Stillleben, wie „Obst am Tisch",
ist sie auch viel zu wählerisch.
Ich würd´ bevorzugen´nen Akt,
doch der ist meiner Frau zu nackt.

Erst bei der Landschaftsmalerei
gefallen ihr tatsächlich zwei.
Doch ich mag eher eins vom Meer,
in grünblau, weil das passt viel mehr
zu Kissen und zu den Bezügen,
was so bereitet mehr Vergnügen.

Der Galerist uns gleich belehrt,
das dieses Bild viel Geld ist wert,
weil doch der Künstler sehr beliebt
und weil es ihn auch nicht mehr gibt.

Doch trotzdem stimmt die Frau dann zu
und schon ist es gekauft im Nu.

Ich finde es nur drum famos,
weil es ist für den Preis auch groß
und dient vorzüglich seinem Zweck:

     Den leere Platz es so verdeckt.

Malermeister

Die liebe Frau meint, dass es reicht
und jemand unser Zimmer streicht.
Und das perfekt wird auch das Heim
muss es ein Malermeister sein.

Sie von den Qualitäten schwärmt,
denn nur wer richtig hat ´s gelernt,
– das sei ein jedem doch bekannt –
bringt Farbe richtig an die Wand.

Wen sie als Malermeister nennt,
man auch als Handwerker meist kennt:

Doch wenn sie so von Meistern spricht
kenn´ ich so viele leider nicht,
denn ich sorg´ sonst für das Geschmiere
und male, streiche, tapeziere
zuhause alles ohne Hilfe,
ganz ohne Meister und Gehilfe.

Nun muss ich einen Meister buchen
und glatt im Branchenbuch nachsuchen,
welch´ Firma könnte hilfreich sein
und streicht das Zimmer uns dann fein:

Dort macht nur einer mit dem Namen
Ehre der Zunft, aus der sie kamen:
Ein Meister „Färber" da verspricht,
das bunt wird, was er angestricht.

Denn Meister „Schwarz" – oh welch ein Graus –
wie sähe da das Zimmer aus,
und „Weinheimer" wird nicht gewählt,
denn der hat den Beruf verfehlt.

Auch andre Namen hatten nun
mit Farbe rein gar nichts zu tun.
Zwar wichtiger ist, wenn ´s drum geht,
dass er sein Handwerk recht versteht.
Doch auch der Name passen muss

denk ich mir da im Umkehrschluss.
Drum glaub´ ich, ich muss deshalb streiken,
brauch´ nichts in bunt, hab nichts zu streichen,
und hab beim kargen Angebot
tatsächlich meine liebe Not.

      Wie auch der Malermeister heißt:
      Bei mir die Wand wird nur geweißt!

Malerei

Mit Leinwand, Pinsel und Palette
und einer großen Staffelei
sitz ich an meiner Arbeitsstätte
zu schaffen eine Malerei.

Ein Stillleben ich könnte Malen,
vom Blumenstrauß und dem Bouquet
von Obst in einer bunten Schalen,
und was ich sonst noch liegen seh´.

Noch schöner wäre ja ein Akt,
von einem Mädchen jung und keck,
das wäre dann auch für mich nackt
doch so ich meine Frau erschreck´.

Würd es nicht regnen draußen nur
auch Landschaftsbilder wären schick,
ich ginge froh durch die Natur
bis ich gefunden einen Blick.

Da ich mich kann nicht recht entscheiden,
ob Realistisches gelingt,
will ich dies Genre besser meiden.
Doch malen will ich unbedingt.

So mische ich die bunten Farben,
geschmiert schnell auf die leinen Wand,
muss mit den Mengen ja nicht darben,
denn davon hab ich allerhand.

Ob Kunst das ist, wenn auch abstrakter,
das liegt in Augen der Betrachter.

Ihr Musen helft! Ein Amateur!
Der traut sich, selbst wenn´s viel zu schwer,
und statt erlebt man wahre Kunst
wird alles durch ihn nur verhunzt.

So mag ein Könner manchmal sinnen,
wenn Amateure auch beginnen
was Musikalisches zu wagen.
oder was Eignes vorzutragen.

Dilettanten

Im Freundeskreis, da ist es fein,
da dürfen´s Dilettanten sein,
die sich als Laien präsentieren,
um dort ihr Können zu probieren.

Selbst wenn mal kommt ein falscher Ton,
es ist egal, was macht das schon.
Und auch wenn stimmt nicht stets der Reim
stört das den Redner nur allein.

Denn das Bemühen wird belohnt,
wer mitmacht und sich nicht nur schont,
wer Spaß und Frohsinn will beibringen,
in Wort, Musik oder mit Singen.

Und wer auch immer etwas macht,
man mit ihm freut sich, mit ihm lacht,
und niemand hat da je Bedenken,
wenn will uns jemand Freude schenken.

So kann ein jeder es nun wagen
sein Sprüchlein hier auch vorzutragen,
an Saiten zupfen, Tasten drücken
und uns mit Freunde hell entzücken.

Und allzu gern geb´ ich bekannt:
Auch ich bin nur ein Dilettant!

Geräusch

Musik wird oft nicht schön gefunden,
weil sie stets mit Geräusch verbunden.   Wilhelm Busch

Jedoch kommt es auch manchmal vor,
dass schmeichelt sie sich uns ins Ohr
und hebt die Stimmung und ´s Gemüt,
erregt uns schwungvoll das Geblüt,
dass wir geraten in Ekstase
in einer schillernd´ Seifenblase.

Leicht sie erobert das Gefühl
egal in welchem Takt und Stil,
lässt Träume uns im Kopf entsteh 'n
und manchmal sogar Bilder seh´n,
Erinnerungen sie erweckt
oder mit Frohsinn uns ansteckt.

Musik ist mehr als nur ein Krach,
die uns erfreut so mannigfach.

Doch stümpert er, der Virtuose
geht´s leider auch mal in die Hose.

Manch Musikus mir imponiert
was alles er hat komponiert,
auch wenn - von dem was angeboten -
ich spielen kann keine der Noten.
Doch ich zu Opus, Lied und Klang
erzählen kann, wie ´s ihm gelang:

Ein Ton

Es war einmal ein Ton,
der von der Saite sprangt.
Er machte eilig sich davon,
zu suchen einen Klang.

Ein zweiter wurde ausgepresst
aus einem gülden Horn.

Er hielt sich an dem ersten fest –
ein Triller ward gebor´n,

Der Fiedel Nummer Drei entfloh
und schlich sich heimlich fort.
Die andern beiden waren froh,
klang nun doch ein Akkord.

Ein vierter macht´ es ihnen nach,
ein fünfter, sechster auch,
die anderen folgten gemach
im Takt, so wie es Brauch.

Vom Klavizimbel hüpfte dann
eine Triole weg.
Sie schloss sich allen andren an,
sorgte für Schwung kokett.

Auch perlt ein Notenlauf noch bei,
ein Reigen voller Töne,
so dass bald klang die Melodei
in Harmonie und Schöne.

Sie schwebte klingend durch den Raum
schlich sich hinein in ´s Ohr.
Auch wenn wir es bemerkten kaum,
rief Freude sie hervor!

So kann ein leiser Ton gewitzt
zur Musik uns verführen
und schneller noch als wie der Blitz
die Seele uns berühren.

Kein Ton macht Musik

„Der Ton macht die Musik!"

Das Sprichwort leider irrt,
denn wer nur einen einzeln kriegt
ist musisch schnell verwirrt.

Denn ist er laut oder auch leise,
ob hoch, ob tief, ob nah, ob fern,
klingt keine Melodienweise,
tönt nicht Musik - sondern nur Lärm.

Ein Ton allein deshalb nicht klingt!

Gemeinsam erst - in Melodie -
ein jeder Ton an Wert gewinnt,
weil nun erklingt die Symphonie.

Am Notenblatt sie munter springen:
In Achteln, Halben und auch Ganzen,
sie aufmarschieren oder swingen
in Harmonie und Dissonanzen.

Doch sind´s die Töne nicht allein,
die dort den Rhythmus mitgestalten,
auch Pausen können nützlich sein,
helfen den Takt auch einzuhalten.

Gemeinsamkeit erst dahin führt,
dass Harmonie erklingt
und Ehre, die dem Werk gebührt,
erst dann den Künstlern winkt.

Musikuss

Die liebe Frau konnt´ ´s kaum erwarten,
weil sie besorgt hat uns zwei Karten
für ´s Staatsorchester dort im Saal,
weshalb ich mitgeh´, wieder mal.

Ich musst´ mich in den Anzug zwängen,
mich durch die Menschenreihen drängen
bis wir erreichen unsern Platz.
Da spielt man schon den ersten Satz.

Und es erklingt die Symphonie
elegisch schön in Harmonie,
ein Meer von wunderbaren schönen,
im orchestraler Strom von Tönen.

Als perlt dahin der Notenlauf,
steht doch der erste Geiger auf
und mit dem Solo er brilliert.

Die Frau ist von ihm fasziniert
und schätzt wohl diesen Künstler wert,
der dort hervorsticht beim Konzert,

Der junger Mann ist wirklich schön,
- weil er ja steht, auch gut zu seh´n -
und spielt fantastisch einfach gut
auf seinem Holz die Notenflut.

Die Mähne wirft er beim Stakkato,
verträumt schaut er dann beim Piccato
und streicht den Bogen so behände,
dass man nicht wünscht, er käm´ zum Ende.

Dann variiert er anderswie
die wunderschöne Melodie.
Der Bogen flitzt über die Saiten,
um zärtlich drüber hinzugleiten.

Was fiedelnd er bringt da hervor,
schleicht sich bei meiner Frau ins Ohr,

die nur noch kann zu ihm hinschau´n,
verklärten Blickes, wie im Traum,
und lässt sich glückselig verwöhnen,
begeistert seufzend, heimlich stöhnend.

Für ihn die Frau sich heiß erwärmt,
die dann zum Schluss vom Künstler schwärmt,
dass sie ihm für den Kunstgenuss
möchte´ danken mit ´nem Musikuss.

Wenn das so geht – juchheirassa –
spiel ich ihr Mundharmonika!

Klavierspiel

Die Mamma meint, sie hätt´ es gerne,
dass ich ein Instrument erlerne
Da ein Klavier bei uns rumstand,
ich mich dem Klavierspiel zuwandt´.

Auf weißen und auf schwarzen Tasten
bald kleine Kinderhände rasten,
um der Etüden Notenzeilen
behände hinterher zu eilen.

Der Musiklehrer „Trautmann" hieß,
der viel zu oft mich üben ließ,
dass ich, statt draußen Fußballspielen,
mich durch die Noten musste wühlen.

Im Lob ich spätestens mich sonnte,
wenn ich ´s auswendig spielen konnte
und meine Augen nicht verweilen
auf vielen Noten in den Zeilen.

So in der Jugend irgendwann
ich Spaß an Blues und Jazz gewann,
doch leider empfand diese Töne
Mamma nicht als das wahre Schöne.

So durfte ich nach derart vielen
auch endlich wieder Fußball spielen.

Radio

Musik, so kann man´s häufig lesen,
ist stets für Stimmung gut gewesen:
Was aus dem Lautsprecher erklingt
macht freudig uns, macht uns beschwingt.

Mit Melodien in flottem Takt
man häufig auch Probleme packt
und selbst ein Ärger nicht mehr stört
wenn muntere Musik man hört.

Der Tag fängt einfach besser an
dreht man Musik im Radio an.

Doch ab ist wohl der alte Lack,
geändert hat sich der Geschmack,
so dass statt schöner Melodien
gesteigert wird´s Adrenalin
durch rhythmisches Bumm-Bumm Getön,
was nur für Jugendliche schön.

An Lautstärke wird nicht gegeizt,
so dass man nervlich schnell gereizt.
Selbst dreht man leiser dann den Ton,
hüpft ´s Radio und Grammophon
durch diese Bässe, die dumpf schlagen,
und die man spürt sogar im Magen.

Sucht man deshalb auf andern Sendern
scheint die Musik sich nicht zu ändern,
denn überall Kakophonie
statt der gewünschten Melodie.
Und bei der Klassik: Trauermarsch!
Der ist am Morgen auch für 'n ... Eimer.

So wird leider im Endeffekt
doch nur die Aggression geweckt.

Da hör´ ich lieber das Geträller
von meinem alten Plattenteller.

Mitsingen

In einer Straußwirtschaft am Land,
die für den guten Wein bekannt
da kehrt frisch ein ein „Liederbund",
so etwa um die Mittagsstund´.

Mit Schoppen, bis zum Rand gefüllt,
wird schnell der erste Durst gestillt.
Ein zweiter, denn das ist ein „Muss",
der folgt darauf für den Genuss.

Zum Stimmband-Ölen kam der dritte,
als es dann tönt aus deren Mitte,
„Nun wollen wir dem Wirte danken,
bevor wir wieder heimwärts wanken."

Der eine gibt die Töne vor
und flugs stimmt ein der ganze Chor
dass durch die Wirtschaft und durch´s Haus
klingt wahrlich schönster Ohrenschmaus.

Die andern Gäste, Groß und Klein,
die stimmen in den Chor mit ein,
bis bald im ganzen großen Hof
die Stimmung überschäumt famos.

Ein zweites Lied folgt und noch mehr,
lockt nochmals Leute zur Einkehr,
die ebenso gleich froh mitsingen
und ihre Gläser lassen klingen.

Nur einer sitzt und schweigt ganz still,
der einfach nicht mitsingen will.

„Lasst uns gemeinsam fröhlich sein!"
lädt ihn ein Gast zum Chor mit ein,
versucht ihn so zu animieren,
doch der scheint sehr sich zu genieren.

Erst als er arg fühlt sich bedrängt
die Worte dann hervor er zwängt:

„B-b-bevor i-ich kann d-d-die Stroph´ z-zu E-e-ende bringen,
kö-kö-könnt ein, zwei Li-li-lieder ihr no-noch singen."

Die Klampfe klingt, es kommt ein Ton
und gleich darauf der nächste schon
und wird gesungen zu dem Klang,
so nennt man es auch Minnesang.

Spielmanns Minnesang

„Wohin flohen die Wonnestunden
die ich verbracht in frohen Runden
im Kreise hübscher Mägdelein,
wo ich mich fühlte fast daheim?"
fragt sich ein Spielmann, der mit List
zur Burg hineingeschlichen ist.

Mit Absicht war er hergekommen,
als auf der Reise er vernommen,
dass in des Schlosses festen Mauern
des Burgherrn hübsche Töchter lauern,
die er, als frecher, junger Mann,
betören - und sie freien kann:

„Ach, reichte eine mir die Hände
hätt´ meine Wanderschaft ein Ende.
Als ihr Gemahl wär´ ich sogleich
durch eine Hochzeit furchtbar reich.
Drum will nach Herzenslieb ich streben,
um danach unbesorgt zu leben."

Das ging ihm leise durch den Sinn,
als er zum Saal begab sich hin.

Die Kemenate ist der Ort,
wo er verkündet Lied und Wort,
im Minnesang ganz unbeschwert,
wobei die Jungfernschaft er ehrt
und so in höchsten Tönen preist,
der Jugend Schönheit, Anmut, Geist.

Der Burgherr hört wohl dieses Klimpern
wischt Tränen sich aus Augenwimpern,
weil alter Zeiten er gedenkt,
als Lieder er hat selbst verschenkt

mit Melodei und Wortspielkunst
und so erwarb der Burgfrau Gunst.

Die Burg durchflutet Harmonie,
mit Klängen hehrer Euphorie,
voll von Romantik, Liebe, Herz,
von Sehnsucht und von Trennungsschmerz,
von Tapferkeit und von dem Mut,
den man für seine Liebste tut.

Des Junkers Loblied auf die Minne,
beraubt die Maiden fast der Sinne,
weil es berührt in keuscher Brust
ihr Herz, erahnend Liebeslust,
entführt sie hin zu einem Traum,
wenn sein Gesang durchdringt den Raum.

Manch Äugelein der jungen Schönen
wird feucht, manch sehnsuchtsvolles Stöhnen
entfleucht den zarten, roten Lippen
die von den Liebesschwüren nippen,
lässt Zuneigung aufkeimen,
wenn lauschen sie den Reimen.

Der Burgherr weiß, mit solchen Schwüren
kann man ein Mägdelein verführen,
für sich gewinnen und mit Singen
zu manchem Eingeständnis bringen,
dass sie ihm herzlich zugetan,
und nähme so sein Flehen an.

So vom Umgarnen filigran
ist auch die Jungfer angetan,
die er so herrlich konnt´ betören,
dass seine Lieb´ sie will erhören:

„Mein Liebster, eurem Lautenklang,
ich ewiglich zuhören kann
und mir nichts Schöneres kann denken,
als mich euch völlig hinzuschenken.

So schön könnt Ihr von Liebe dichten.
Mein Vater soll die Hochzeit richten!"

    Jedoch der Burgherr, der es ahnt,
    dem bei den Klängen Böses schwant,
    bewahrt der jungen, hübschen Jugend
    die maidenhafte Unschuldstugend
    und jagt den armen Hungerleider
    vom Hof als Lump und Beutelschneider.

So steht der Spielmann vor dem Tor.
Dabei kam es ihm schon so vor,
als ob in diesen Wonnestunden
er hätte hier sein Glück gefunden.

Ein Minnesänger hat es schwer,
weil nicht nur Magen, Humpen leer.
Denn Kunst, die Sinne zart berührt,
nur selten auch zu Reichtum führt:

Kann Liebe zwar zum Singen bringen,
doch nie ein hartes Herz bezwingen,
das gönnt, mit einem Blick zurück,
dem andern nicht dasselbe Glück.

Sagenhaftes

Es war einmal

Man weiß es schon als kleines Kind
„Es war einmal", damit beginnt
ein Märchen oder manchmal Sagen,
die uns in Zauberwelten tragen.

Als Kind hat man das ernst genommen,
was staunend da man hat vernommen,
und glaubte lang noch den Geschichten,
von den die Großen da berichten.

Wird´s Kind dann groß, muss es einseh´n,
es helfen nicht mehr gute Feen,
und anders ging es oft anstatt,
wie er sich dran erinnert hat.

Als er noch jung, als „Hans im Glück",
riskiert er viel, blickt nicht zurück,
vergisst, was wahren Wert enthält,
und glaubt, dass ihm gehört die Welt.

Und später, wie ein Schneiderlein,
soll Kleinigkeit schon riesig sein,
er strunzt, als sei Genies er gleich
mit „sieben gar auf einen Streich".

Noch glaubt er auch mit einem Kuss
erringt er königlich´ Genuss
doch statt „Dornröschen" er sich wählt
ein Weib, die seine Nerven quält.

Dann wär´ er gern bei „Sieben Zwergen",
zu leben hinter sieben Bergen
und alles wäre nicht so arg,
wär´ sein Schneewittchen erst im Sarg.

Und wie ein Wolf sucht er im Wald,
ein Rotkäppchen, hübsch an Gestalt,

doch weil von Steinen rund der Bauch,
vergisst er dieses Märchen auch.

Schon längst ist in der Profanei*
er als „Johannes" treu dabei,
malocht, bis dass er wird zu Stein
und lässt das Leben leider sein.

So mancher erst im Ruhestand
zu Märchens wahren Weisheit fand,
dass alles, was vordem gewesen,
gehört ins Reich der Fabelwesen:

Erst spät, gereift so mit den Jahren
kann er wie „Drosselbart" verfahren,
bringt Friede, Freude in sein Haus,
und treibt dem Weib den Dickkopf aus.

Letztendlich, ganz wie in „Frau Holle",
erkennt er nun die rechte Rolle
zu erntet noch sein Lebensgold:

Wird reif und weise zum Scherzbold,
nimmt alles, was kommt nun noch vor,
mit Heiterkeit und mit Humor.

Profanei = mittelalterlicher Begriff für Alltag

Grimm-iges

Als Kind glaubte man an Geschichten,
die die Gebrüder Grimm erdichten,
verlor sich dort in Märchenwelten
und ließ die Wirklichkeit nicht gelten.

Ist endlich man erst einmal groß
dann zuckt man mit den Achseln bloß,
weil längst hat selber man erkannt:
Im Märchenbuch kaum Wahrheit stand:

Das Leben hat nicht Feen und Prinzen,
kein Königreich mit reich´ Provinzen,

nicht Riesen oder Zwerge klein,
nicht Gold aus Stroh gesponnen fein.
Kein Esel-streck-dich mit Dukaten,
kein Tischlein-deck-dich-Automaten
sogar 7-auf-einen-Streich,
die machen dich nicht wirklich reich.

Selbst wenn du hast etwas Geschick,
bist du bestimmt kein Hans-im-Glück
und kaufst ein Gänslein froh erregt,
es keine goldne Eier legt.
Brauchst dein Dornröschen nicht zu küssen,
kriegst keine von den Zaubernüssen,
selbst hinter allen sieben Bergen
sich keine Schätze dort verbergen.

Nie lässt Rapunzel ´rab den Zopf,
nie gräbst aus den Goldtaler-Topf
kannst noch so viele Frösche küssen,
wirst du doch weiter schaffen müssen.
Kein Rotkäppchen bringt was zu Essen,
kein Wolf den Burgschreck hat gefressen,
kein Sterntaler vom Himmel fällt.
Wie ist doch ungerecht die Welt!

Auch keine Fee mit Wünschen drei,
die waren jemals für dich frei,
selbst Dankbarkeit von der Frau Holle
dir leider nicht geschehen solle.

Im Leben wird sich nichts erdichten,
wie so für Kinder manch´ Geschichten.
Was märchenhaft passiert nur hier:

    Wie Pechmarie ergeht es dir!

Mit Gift

Es lebte einst ein großer Fürst,
der hatte auch ein Töchterlein.
„Dass du verheiratest auch wirst,
das soll nun meine Sorge sein."

Er ließ viel stolze Ritter kommen,
die junge und die alten.
Die einen stürmisch, unbesonnen
die andern mehr verhalten.

Da auch der Fürst geruhsam war,
traut er der Jugend nicht.
Die Alten fand er wunderbar,
seriös und mit Gewicht.

So wählte er ´nen Alten aus,
mit Einfluss und mit Bauch,
Beziehungen und großem Haus,
und Geld hatte der auch.

Dem Mägdelein jedoch gefiel
ein frecher, schlanker Schöner,
der sie umgarnt´ im Minnespiel
ein armer Tagelöhner.

Doch half ihr gar kein Weh und Ach,
kein Meer der Tränen rinnend.
Der Fürst gab keinen Deut mehr nach
den Bräutigam bestimmend.

Die Mitgift war wohl etwas schmal –
der Gatte war ja reich.
Dem Mägdlein war das ganz egal,
war nur voll Schrecken bleich.

Kaum war die Hochzeitsfeier rum,
der Bräutigam bezecht,
verlangt´ er mit Brimborium
sein Ehegatten Recht.

Dem Mägdlein wurde Angst und bang
vor ihrer Ehepflicht.
Sie fürchtete der Liebe Zwang
unter dem Schwergewicht.

Bezirzte ihn, noch was zu trinken,
angeblich stärkt´s sein Potenzial
bevor sie in die Kissen sinken,
und füllte ihm drum den Pokal.

Ein Pülverchen hineingemischt
sollt´ Schlaf bringen dem Gatte.
Doch gleich sein Lebenslicht verlischt
weil er´s am Herzen hatte.

Der reichen Witwe reute nie,
was tödlich hat geendet,
nur weil das Wörtchen **Mitgift** sie
hat fälschlich angewendet.

Nicht richtig tief war ihre Trauer
beim Gatten, der verblichen.
Nun konnte sie nach kurzer Dauer
den Schönen ehelichen.

Moral: Drum achte, dass die Mitgift stimmt,
        wer sich ein Weib zur Gattin nimmt.

Gute Geister

Die Geister, die verbreiten Schrecken,
die auf den Burgen sich verstecken.
Doch steht ein Geist im Schnapsregal,
dann ist das meistens uns egal.

Wir uns genehmigen beizeiten
ganz ohne Angst so zu bereiten
was davon gern auf unser Wohl,
was geistig ist mit Alkohol.

Geister

Beim Burgrundgang der Enkel Klaus,
erfährt, dass hier ein Burggeist haus´
drum fragt den Opa er mit Bangen,
ob man denn Geister kann nicht fangen,
wenn sie verbreiten Furcht und Schrecken,
um sie in ein Verlies zu stecken.

Der Opa tröstet ihn mit Worten:
„Es gibt sie nicht an allen Orten
und selbst in Burgen sei ihr Klagen
mit Klugheit erst zu hinterfragen,
weil oft neckt nur die Fantasie,
denn sehen tat man sie noch nie.“

Beruhigt ist der kleine Klaus
und froh vergnügt auch dann zuhaus´,
weil seine Angst ist unbegründet,
dass Geister unterm Bett er findet.
Wenn Opa sagt „es gibt sie nicht“,
dann schläft er auch ganz ohne Licht.

Doch sein Vertrauen kriegt ´nen Klaps,
als Opa bittet „Hol mir ´n Schnaps“:
Denn als er sucht im Schrank ganz dreist,
da findet er ´nen Himbeer-„Geist“!

Er wird sofort ein bisschen blasser:
Ein Geist, der aussieht klar wie Wasser.
Auch wenn gefangen in der Flasche
steigt in ihm Angst auf wieder rasche.

Doch Opa lacht „Welch´ Scheibenkleister,
es gibt doch auch die guten Geister!

Sie helfen mir bei Plag´ und Müh´ –
nur Klaus – verrat ´s der Oma nie.“

Drachenmär

Ich weiß nicht, ob es ist auch wahr
doch hör die Mär ich viele Jahr´:

Hoch droben auf dem Zauberberg,
voll Gold, Karfunkeln, Zauberwerk,
dort in ´ner hohlen Höhle hauste
ein Drache, vor dem jedem grauste.

Errettung, die schien aussichtslos,
weil der war riesig und furios.
Auch wusst´ die Mär zu prophezeien,
er könne heißes Feuer speien.
Dazu sind Krallen zu erwähnen,
sein Riesenmaul mit scharfen Zähnen,
die Panzerung des Leibs mit Platten
die auch noch Zacken daran hatten
und an Flügeln spitze Klauen.
Ein Untier, dem konnt´ niemand trauen.

Um vor dem Drachen sich zu schützen,
da sollte eine Jungfrau nützen,
die – war sie erst einmal gefunden –
für ihn am Pfahl wurd´ festgebunden,
um sie zu holen und zu lieben,
dass alle sonst in Ruhe blieben.

Es hieß, dass Ritter wollten ´s wagen
die großen Drachen zu erschlagen,
um diese Jungfrau zu erretten
und zu befreien von den Ketten.

Die Alten zu erzählen wussten
von den gar schrecklichen Verlusten.
Denn die in ihr Verderben rannten,
gefressen wurden und verbrannten,
wer so nach Ruhm und Ehre strebte.

Kein Drachentöter überlebte –
zumindest sah nie später dann

man was von Jungfrau, Rittersmann,
und niemand konnt´ verlässlich sagen,
ob nun der Drachen ward erschlagen.
Auch sonst konkret gab's keine Fakten
in Büchern oder andern Akten.

So alles blieb doch sehr obskur
wer angeblich focht mit Bravour
und niemand weiß genau bis heut´
ob je die Jungfrau wurd´ befreit.

Gäb ´s wirklich in dem Höllenhort
solange schon den Drachen dort
dann zählte er nach hundert Jahren
bestimmt nicht mehr zu den Gefahren:
Kein Zahn im Maul, um was zu beißen
und stumpfe Klauen, die nichts reißen.
Die Panzerung wär´ rissig, mürbe,
die keinen Schutz mehr bieten würde,
die Flügelhäute längst verschlissen,
ganz spröde und schon eingerissen.
Kein Feuer brächt´ er mehr hervor
so dass er jeden Winter fror.
Kein furchterregendes Gegröle
aus seiner feuchten kalten Höhle.

Er wär nur noch ein alter Greis,
der nichts von all den Sagen weiß,
die um ihn da herum sich ranken
und Angst verbreiten in Gedanken.

Doch immer noch, in jedem Jahr,
da bringt man ihm die Jungfrau dar.

Wenn früher schon und auch noch heute
die Jungfrau war nie ´s Drachen Beute
und niemand brauchte ihn bezwingen
und ihm die Jungfrau abzuringen,
dann geht mir eins nicht aus dem Sinn:

Wo kamen all´ die Jungfrau 'n hin?

Gaukler

Die Gaukler eilen hin zum Schloss,
weil eine Heirat man beschloss,
um dort dabei mit ihren Gaben
am Mammon* etwas teilzuhaben.

Der Hanswurst spaßend, unverschämt,
das Brautpaar dort mit Witz beschämt,
der Feuerspucker, Tänzerinnen
verwirren allen gleich die Sinnen
und auch der Bänkelsänger dann
die Menge sehr begeistern kann.

Doch leider, wie so oft im Leben,
als Dank sie nur sehr wenig geben,
nur Kupferlinge auf dem Boden
kommen so ab und an geflogen.

Die Leistung, die sie zeigen allen,
hat allen zwar sehr gut gefallen,
doch keiner will sie recht entlohnen,
um so den Geldbeutel zu schonen.

Dabei doch schmücken an Gewänden,
am Hals, am Arm und an den Händen
die Frau 'n zur schönsten Augenweide
nur edle, teuerste Geschmeide.

Wie kann den Gauklern man verdenken,
dass sie da an sich selber denken
und kurz, bevor sie wieder scheiden,
so manchen Beutel sich abschneiden.

Man schimpft sie „Diebe", „Pack" und „Dreck"
wenn man bemerkt, das Geld ist weg.
Hätt´ man sie gleich gerecht entlohnt,
blieb man vom Ärger auch verschont.

* Mammon = aramäisch Vermögen, Geld

Junker Dietrich

Die schönste Burgfrau weit und breit
einst Ritter Sternberg hat gefreit.
Sie war anmutig und so schön,
dass jeder gern tat nach ihr sehn
und auf der Burg wohl alle Sassen
sich gern würden mit ihr einlassen.

Doch Sternberg eifersüchtig wacht,
dass keiner eine Dummheit macht...

Gern rüstet er sich für die Schlacht,
weil er bei jedem Streit mitmacht,
um dort mit Schwert in seiner Rechten,
für sich und andere zu fechten.
und ist so bei den Fehden stets
des meistens oft auch unterwegs.

Dann aber ihn auch Sorgen plagen,
ob Knappen, Junker, Ritter wagen
der Burgfrau näher so zu kommen,
als es der Sitte sollte frommen
und während seines langen Fehlen
die Unschuld dann der Burgfrau stehlen.

Doch Ritter Sternberg hat da weise,
bevor er geht wieder auf Reise.
nachdem er lange nachgedacht,
ein Vorhäng´schloss dort angebracht,
wo dieses hindert wundersam,
dass jemand zur Burgfrau rankam.

Es war geschmiedet fest aus Eisen,
dass er beruhigt konnt´ verreisen.
Den Schlüssel er stets mit sich nahm,
dass niemand andres daran kam.

Doch leider er hat übersehen,
dass es mit Dietrich konnt´ geschehen,
weil der, auch wenn im Junkerstand,
ein Werkzeug namesgleich erfand.

Gespenster

Die Nacht ist schwarz mit Wolkenfetzen,
der Mond verbreitet bleiches Licht.
Ich trau mich aus dem Hause nicht,
wo Nebelschwaden umher hetzen.

Es tost der Wind draußen vorm Fenster,
es ächzen Balken, knarren Türen,
kalt scheint ein Hauch mich zu berühren
Sind da vorbeigehuscht Gespenster?

Es heult der Wind hohl im Schornsteine,
in dem Kamin das Feuer bleckt,
als vor dem Fenster mich erschreckt
ein schwebend Wesen ohne Beine.

Bleich schimmert es im Mondeslicht.
Es hebt die Hand und winkt mir zu,
dass ich geselle mich im Nu
zu ihm hinaus zum Schandgericht.

Winkt mir der Tod, gar das Verderben?
Wer wartet da vor meinem Haus?
Muss hauchen ich mein Leben aus
und grausam heute Nacht versterben?

Schon wieder winkt der bleiche Gast:
Mich schaudert´s und mich packt das Grausen,
wie dieser Ungebet´ne draußen
mich stärker auffordert mit Hast.

Muss wirklich ich zum Fremden hin?
Holt er mich, wenn ich nicht hin geh´?
Hastig ich suchend um mich seh´,
ob ich im Haus noch sicher bin.

Es zuckt ein Blitz durch düstre Nacht
und taghell kann ich so erkennen,
was ich kaum will beim Namen nennen,
derweil der Donner niederkracht.

Es winkten nicht Gerippgebeine,
auch nicht Gespenster, Sensenmann.

Im wilden Sturm ich sehen kann:
Ein Leintuch auf der Wäscheleine.

Geisterstunde

Der Regen fällt in schweren Tropfen,
weil Wind treibt Wolken vor sich her,
die unheimlich an Fenster klopfen.
Wild pfeift es um die Dächer her.

Ein kalter Hauch zieht durch mein Zimmer,
die Uhr schlägt zwölf – ´s Mitternacht.
Mir schein ich höre leis´ Gewimmer,
das Gänsehaut und Schauder macht.

Es knarren Stiegen, knarzen Türen,
die Kerzen flackern – wilder Schein.
Die Angst will mir den Hals zuschnüren,
denn schließlich bin ich ganz allein!

  Mit Klirren springt ein Fenster auf...

  Was Weißes scheint von dort zu winken!
  Die Geisternacht nimmt ihren Lauf
  und ´s Herz will in die Hos´ mir sinken.

  Mir bleibt vor Angst die Spucke weg,
  von dem Gespenst ängstlich erregt.

Dann stell ich fest – welch dummer Schreck –
der Vorhang wird vom Wind bewegt.

Grauenvoller Tag

Grau und düster, dumpfe Luft.
und vom Laub der Moderduft,
fast wie in der Leichengruft.

Weißlich wabern Nebelschwaden.
Alles feuchtigkeitsgeladen,
Spinnwebnetz mir glitzernd´ Faden.

Kalter Wind hilft abzuräumen
tote Blätter von den Bäumen.
Dürre Äste Wege säumen.

Durch den Dunst ist nichts zu schauen,
und mit Gänsehaut das Grauen
rät mir schnellstens abzuhauen.

Denn nichts kann dies Grau erhellen.
Was wird aus dem Nebel quellen,
was sich in den Weg mir stellen?

Was muss ich mich auch rumtreiben?
Könnt´ ja auch im Hause bleiben
und gemütlich etwas schreiben.

Doch ich wollte es nicht missen,
bin trotz den Gewissensbissen
von zuhause ausgerissen.

Gerade noch mit letzter Kraft
hab durch ´s Grauen ich ´s geschafft:

Hin zu meiner Gastwirtschaft.

Hexenküche

Im Kessel blubbert höllisch dort
ein gelbbräunlicher Trank.
Durch dunkle Schwaden grässlich grau
verbreitet sich Gestank.

Ein schwarzer Kater faucht mich an,
als ich mich reingetraut,
deshalb, erschreckt ein wenig nur,
hab´ ich mich umgeschaut.

In viele Dosen am Regal
verwahrt wohl Spezerei
doch wozu man verwendet sie,
nicht zu erkennen sei.

Ob Zauberzutaten es sind,
ob Kräuter voller Gift,
am Etikett nicht lesen kann,
man die altdeutsche Schrift.

Gar seltsame Gerätschaften
auch sind dort aufgehängt,
dass man beim Anblick fast sofort
an Hexenküchen denkt.

Das kleine Fenster reiß ich auf,
dass frische Luft strömt her,
doch leider mindert sich dadurch
der Brandgeruch nicht sehr.

Drum nehm´ ich mutig allerletzt
den Kessel dann vom Herd
bevor sich über den Gestank
der Nachbar noch beschwert.

Da stell ich fest nach dieser Tat,
dass ich mich nicht befand
in einer Hexenküche hier.

Nur Milch ist angebrannt.

Jugendfehler

So manch einer der alten Leute
schimpft oft über die Jugend heute:

„Kein Kind weiß sich mehr zu benehmen
und fern sind ihm die Anstandsthemen.
Mit Freiherr Knigge ist´s nicht weit,
die Ehrfurcht fehlt, wie Höflichkeit.
Weil auch die Sitten viel zu frei
gehorsam heute niemand sei.

Es wird getrunken und geraucht
sich tätowiert, Pillen missbraucht,
man rast zu schnell im Stadtverkehr,
und schätzt das Eigentum nicht mehr.
Kurzum, die Jugend heutzutage
ist eher eine Menschenplage."

Als diese Alten wurden groß,
war von dem allem gar nichts los.
Da wusste man sich zu benehmen
und Ungebührliches verfemen.

Vergesst ihr, was ihr vorgelesen,
als die noch Kinder sind gewesen?

„Schneewittchen" - ihr seid doch die Kenner -
zusammen lebt mit sieben Männer.
Im „Froschkönig" - wie ihr auch wisst -
ein Mädchen gar ein Tier dort küsst.

Das „Aschenputtel" schleicht sich raus,
kommt erst nach Mitternacht nach Haus´,
gar Kinder werden ausgesetzt,
der „Hänsel" fast missbraucht zuletzt.

Im „Tapfren Schneiderlein" prahlt dort
der mit´nem siebenfachem Mord.
Man prügelt, „Aus dem Sack den Knüppel",
manch anderen beinah´ zum Krüppel.

Bei „Goldner Gans" die Gier umtrieb,
der „Aladin", der ist ein Dieb,
„Pinoccio" erzählt viel Lügen,
die „Gänsemagd" tut man betrügen.

Der Drache sich nur Jungfrau 'n packt
und „Tarzan" läuft im Urwald nackt.

Wurd´s Kind vor´s Fernsehen gesetzt
hat keiner sich dar ob entsetzt,
wie übel spielt man andern mit
im Zeichentrick mit Dynamit.
Selbst wenn man schießt mit dem Gewehr,
so störte sich dran niemand sehr.

Kein Anstoß nahm man daran auch,
dass „Popeye" immer hat geraucht
und, tätowiert, dann mit Spinat
vor Schlägerei 'n gedopt sich hat.
Auch nicht, dass „Pacman" Pillen fraß
und „Batman" durch die Straßen rast.

Wie sollt´ ein Kind bei den Idolen
sich Vorbilder für´s Handeln holen?

Ihr zogt sie mit solch´ Sachen groß!
Nun jammert ihr darüber bloß.

Es war doch diese Kindheit eben,
die sie geprägt hat und ihr Leben.
Wie sollten sie bei diesen Themen
denn lernten, sich auch zu benehmen?

Tierisches

„Zum Glück"; so sagt das Tier zum Tier,
„hast du nichts menschliches in dir,
verhältst dich einfach artgerecht.
Das ist nicht gut doch auch nicht schlecht."

Beim Mensch, mit Willen und mit Geist,
sich das nicht immer so erweist.
und allzu oft erscheint es schier
als lässt er raus ein wildes Tier.

Doch so wir Tiere auf der Erden
uns taten bisher nie gebärden.

Im Apfel

Im Herbst, da steht am Wiesensaum
mit Äpfeln voll ein Apfelbaum.
Da fegt wohl über ´s Land ein Sturm.

In einem Apfel lebt ein Wurm.
Der bangt, dass durch des Windes Macht
bald sein Zuhaus´ herunterkracht,
wo würd´ es faulen und zerfallen,
was unserm Wurm kann nicht gefallen.

Der Sturm flaut ab, und welch ein Glück,
sein Apfel bleibt am Baum zurück,
dass er sich freut im dem Zuhause.

Doch tags darauf kommt ein Banause,
der ihn und andre Äpfel pflückt
und kistenweis´ zum Markt verschickt.

So kommt der Wurm, im Apfel frisch,
grad zum Verzehr auf einen Tisch,
und da der Wurm wird nicht entdeckt
er samt dem Apfel jemand schmeckt.

Und was wir lernen so daraus?
Das Schicksal schlägt auch zu zuhaus´!

Der Holzwurm

Ein Holzwurm fraß im morschen Holz
und bahnte sich dort seine Röhren.
Am Baumstamm saß ein Buntspecht stolz,
der dieses Würmchen wollte stören.

Er klopfte hart, er klopfte laut
von außen fest auf Baumes Rinde.
Stabil doch war das Heim gebaut
vom Holzwurmmann, -frau und dem -kinde.

Der Specht, der plant nun ein List,
den leck´ren Wurm doch noch zu fassen,
dem so nicht beizukommen ist
und lässt das Klopfen plötzlich lassen.

„Warum ist´s Klopfen ausgeblieben?"
fragt sich sogleich die Holzwurmfrau
und – ganz von Neugierde getrieben –
wagt sie sich aus dem sich´ren Bau.

Und weil sie glaubt die Luft ist rein,
reckt aus dem Loch sie weit sich raus,
merkt gleich, sie ist doch nicht allein,
weil ihr der Specht macht den Garaus.

Der Holzwurmmann, geknickt vor Gram,
der folgt ihr gleich im Suizid
dem Specht ist das nicht unliebsam
und frisst auch ihn mit Appetit.

Das Holzwurmkind in seinem Bau
entkommt dem Buntspecht frech jedoch.
Er ist als Jungspund schließlich schlau
und bohrt sich schnell ein neues Loch.

Der Ohrwurm

Ein Holzwurm doch sehr stören ist,
wenn er die Möbel mir zerfrisst.
Viel lieber ich dem Ohrwurm lausche,
und an den Klängen mich berausche.

Der Bücherwurm

Manchmal lässt´s sich nicht verleugnen
und ich lauthals es beklage,
dass in alten Möbeln zeugen
Löcher von´ner Würmer Plage.

Um den Holzwurm auszurotten,
hülfen Laugen oder Gifte,
doch ich sie dem Sperrmüll stifte,
ehe andre drüber spotten.

Doch mehr noch fühl´ ich mich geplagt
von einer andern Art von Wurm:
Man Bücherwurm wohl zu ihm sagt
der wimmelt in dem Bücherturm.

Ist nicht, dass Löcher hinterbleiben,
auch Buchstaben er niemals frisst,
will sich in Büchern nur rumtreiben
wohl weil er sehr belesen ist.

Er rezitiert Gedichtebände
von Goethe, Schiller, Brentano
und findet selten mal ein Ende
wenn er vertieft ist darin so.

Bei Erhard, Busch und Ringelnatz,
da lacht er sich fast tot,
und findet auch so manchen Schatz
bei Morgenstern und Roth.

Das Schlimmste aber ist dabei,
dass er beginnt zu reimen,
als ob er selbst ein Dichter sei,
wenn ihm Ideen aufkeimen.

Und dann zu guter aller Letzt –
ihr müsst es ja ertragen,
dass er die Zeit Euch raubt hier jetzt –
will er sie auch aufsagen.

Der warmen Sonne wegen
beginnt er sich zu regen
der Wurm, der in der Erde lebt
und selten zu dem Lichte strebt.

Nur wenn der Regen macht es nass
sieht man von ihm auch mal etwas.
und ist auch Anglern gut bekannt –
wird Regenwurm deshalb genannt.

Der Regenwurm

Unter der Erde tief verborgen
bis dass der Winter ist vorbei
ein Regenwurm, der macht sich Sorgen
um frühlingshafte Liebelei.

Kaum ist die Erde nicht gefroren,
der Boden endlich aufgetaut,
kann sich der Wurm nach oben bohren,
wo nach ´nem Weibchen er ausschaut.

Doch aus dem Loch, aus dem er kroch
ist einzig er auf eisig Flur
sein Ende steckt im Erdenloch
und oben ist sein Kopf doch nur.

Tät´ er sich ganz von Erd´ befreien
merkt er, er braucht kein Weibelein
er könnt´ am andern End´ sich freien
und einsam, zweisam glücklich sein.*

* Der Regenwurm ist beidgeschlechtlich

Der Engerling

„Wohin, Wohin?" - das fragte sich ein Engerling.

„Ich würde mich doch glatt vergessen,
wenn mich ein Vogel würde fressen.
Da mach ich mich doch gleich von hinnen,
tief in der Erde unten drinnen."

Er bohrte tief sich in den Boden,
im Rasen unter ´nen Grassoden.
„Hier bleib ich", dacht´ der Engerling
„bis ich mal bin ein Schmetterling."

Er lebte dort in Frieden, Ruh...
bis dass ein Maulwurf kam dazu.

Man weiß zwar, dass Maulwürfe blind,
doch leider auch gefräßig sind.

Der wühlte Gänge durch den Boden,
warf Hügel auf auf die Grassoden,
und musste sich dabei sehr schinden,
um Futter dort für sich zu finden.

Er pflügte um den ganzen Garten,
zu suchen nach der Würmer Arten,
Von argem Hunger stets getrieben,
musste viel Erde er verschieben.

So er den Engerling entdeckt,
der tief im Boden hat gesteckt.

Als schnuppert er die leck´re Beute,
er sich gar köstlich drüber freute,
und − Schwupps − er sich zum Fraße fing,
gerade diesen Engerling.

Schon war der Engerling per du
für eines Maulwurfs Festmenü.

Nun: Hast Feinde du auf dieser Erde,
dann hilft dir auch nicht ´ne Beschwerde.

Das Glühwürmchen

Ein Wurm kroch auf der Erde rum
und schwärmte für die Sterne.
Ein Glühwurmmädchen flog herum,
das mochte er gleich gerne.

Und jede Nacht er wieder reckte
den Kopf aus seinem Loch.
wo er im Dunkeln sich versteckte
und hoffte, sie blinkt zu ihm doch.

Zum Licht, was über ihm dort schwebte,
verzehrte er sich sehr:
Wenn sie mit ihm zusammen lebte
hätt´ er´s nie dunkel mehr.

Doch eines Nachts musst er entdecken
ein Glühwurmmännchen kam
und nahm sie mit zu seinem Schrecken,
dass er gebeugt vor Gram.

Vor Kummer griff er leider wohl
fast jede weitere Nacht
im Dunkeln dann zum Alkohol.
weil ihm kein Licht mehr lacht.

An Liebeskummer er lang kränkte,
bis er für sich zuletzt bestimmt:
Er in Tequila sich ertränkte,
wo er seitdem im Schnaps rumschwimmt.

*Nach einer alten mexikanischen Legende soll der Maguey-Wurm im
Tequila, der in Mexico aus dem Herzen der blauen Agave gewonnen
Schnaps, die Potenz des Mannes steigern.*
*Doch eigentlich wurde der Wurm früher genutzt, um das Ergebnis der
Destillation zu überprüfen: Bei der Zersetzung des Wurms war das
Destillat fehlgeschlagen, wurde er jedoch konserviert, so konnte man
davon ausgehen, dass das Getränk genießbar war.*

Der Wattwurm

Ein Wurm, der kam mal aus Berlin,
den zog´s zum Urlaub nordwärts hin.
Dort wohnte er im Sediment,
wie man das Watt der Nordsee nennt.

Er hauste dort gemütlich gut
solange es noch herrschte Flut.
Doch als kam Ebbe mit der Tide,
da fand er das doch sehr perfide.

„Watt denn, watt denn", fragt er sich,
„keen Wasser jibt es plötzlich nich.
Bin etwa ick schon anjestrandet
und so am Kuhdamm glatt jelandet?"

Wer diese Worte wurd´ gewahr,
dem war ab nun eindeutig klar:
Auch wenn den Gast hier keiner kennt,
ein jeder ihn nun „Wattwurm" nennt.

Die Seidenraupe

Im Maulbeerbaum, im Winde lind,
ein Wurm mit Seide sich umspinnt.
Das hat da eigentlich den Zweck,
dass er sich darin gut versteck´,
bis er verpuppt am Ende dann
als Schmetterling wegfliegen kann.

Doch nur für edle Stoffe fein
man sammelt gleich die Kokons ein,
um aus den Seidenfäden zart
zu weben Seidenstoff apart.

Was soll uns das nun lehren?

Man kann sich nicht vermehren,
wenn die Natur wird so vertan
für Eitelkeit und Schönheitswahn.

Tierische Redensarten

Für Redensarten mit ´nem Tier
gibt Beispiele zuhauf es hier.
Vor allem, was lebt rund ums Haus,
da macht man fleißig Sprüche draus.

Des meistens geht ´s um Hund (17), Katz (10), Pferd (10)
auch Schwein (6), Maus (5), Huhn (5) sind es noch wert.

Als Beispiel gleich, wie viel und bunt,
die Redensart von Katz, Maus, Hund:

> *„Wo liegt denn nun der **Hund** begraben?"*
> *„Die **Maus** beißt ab gar keine Faden",*
> und *„Nachts sind alle **Katzen** grau",*
> *„Wenn bellt er, beißt nicht der **Wauwau**."*

> *„Schlafende **Hund**´ soll man nicht wecken,*
> *„Die **Katze** nicht im Sack"* lässt stecken
> und *„Fängt die **Mäuse** man mit Speck"*
> macht *„Für die **Katz** sein"* keinen Zweck.

Auch Haustiere, bis hin zum Schwein
taugen zu Redensarten fein:

> Wenn jemand will *„Scheu **Pferde** machen",*
> darüber gar *„Die **Hühner** lachen".*

> *„Wie ´s **Lamm** zur Schlachtbank"* ist nicht Schläue,
> sonst *„Wirft man Perlen vor die **Säue**".*

> *„Wo geht der **Esel**, wenn ´s ihm wohl?",*
> Dort wo *„Die **Kuh** vom Eis man hol´".*

> Und was *„Auf keine **Kuh**haut geht",*
> *„Als **Hahn** im Korb"* man auch versteht.

> Wer dann ins *„Trockne bringt die **Schäfchen**"*
> macht nicht so *„Wie ein **Bär** ein Schläfchen".*

Wobei bei Redensarten Sucherei
wir sind schon bei der Jägerei:

„Hockt das **Kaninchen** vor der **Schlange**",
„Beißt in das Bein der **Storch**"schon lange.

„Sind viele Hunde ´s **Hasen** Tod",
„Windet wie ´n **Aal**"man sich bei Not.

Dass „Eine **Schwalb**´ kein Sommer macht"
der „**Hecht** im Karpfenteich"belacht.

Und „Fängt der frühe **Vogel** ´n Wurm"
hilft „Sei kein **Frosch**"niemand im Sturm.

Selbst wenn „Man einen **Bock** geschossen",
ist „Stolz wie ´n **Pfau**" man unverdrossen.

Reicht unsre Tierwelt nicht mehr aus,
weicht man auf die Exoten aus:

„Der **Elefant** im Porzellan"wird teuer,
„Stürzt man sich auf was wie die **Geier**"

Wenn „Tränen weint das **Krokodil**"
„Laust mich der **Affe**"was zu viel.

Wird „Aufgebunden dir ein **Bär**"
„Geht das **Kamel** durchs Nadelöhr"

Nicht kann „Am Schwanz den **Tiger**"packen,
dem „**Spinne**feind ist"wer im Nacken.

Noch weiteres solch Kleingetier
als Redensart hilft weiter hier:

Wer „Einen Sack **Flöhe** muss hüten",
der „Kriegt die **Motten**"gleich in Tüten.

Wem „**Würmer** aus der Nase ziehst",
den „Keiner **Flieg**´ zuleid tun"siehst.

Ich könnte Euch noch mehr vorführen
von Redensarten mit den Tieren,
doch habe ich, zu guter Letzt,
euch schon „Ein **Floh** ins Ohr gesetzt".

Tiernamen

Warum manch´ Tiere ihre Namen
vom Menschen zugeteilt bekamen
ist oft - das will ich hier belegen -
für das, was sie halt tuen wegen:

Die Maus, die maust ein Stückchen Speck.
Die Sau, die saut sich ein im Dreck.

Der Ochse ochst auf Ackerkrumen.
Der Falter faltet sich auf Blumen.

Die Muhkuh muht auf grünen Wiesen.
Der Grashüpfer, der hüpft auf diesen.

Die Schlange schlängelt sich herum.
Die Fliege fliegt mit viel Gebrumm.

Der Reiher reihert Fische aus.
Der Hamster hamstert ´s sich nach Haus.

Der Holzwurm wurmt unter der Rinde.
Blindschleichen schleichen ohne Ärmelbinde.

Der Rehbock bockt herum im Wald.
Im Dunkeln uhuht Uhu bald.

Der Kuckuck kuckuht seinen Namen.
Der Tiger tigert zu Brahmanen.

Die Krähe kräht auf einem Acker
der Ackergaul der ackert wacker.

Der Affe äfft den Menschen nach.
Das Trampeltier trampelt gemach.

Das Lama lahmt hoch in den Anden,
Die Grille ... - grillt nicht, zugestanden.

Doch was tut´s Vögelein im Nest?
Hierzu verschweige ich den Rest!

Die Katze lässt das mausen nicht.

Als kleines Kätzchen, noch verspielt,
in Socken, Schuhen sie rumwühlt,
die Aufziehmaus ihr Spaß verspricht.
    Das Kätzchen lässt das mausen nicht.

Wenn größer sie, will´s ihr gefallen
zu zeigen ab und zu die Krallen
an Sofa, Sessel und Teppich.
    Die Katze lässt das Mausen nich(t).

Auch wenn gefüttert wird sie täglich,
ist´s Betteln manchmal unerträglich,
mauzt sie um was, das schmeckt köstlich.
    Die Katze lässt das Mausen nich(t).

Und ist´s ein Kater, diese Katze,
der stromert rum auf leiser Tatze,
weil eine Kätzin ums Haus strich.
    Die Katze lässt das Mausen nich(t).

Doch ist´ne Kätzin, diese Katze,
ganz schnell auch Nachwuchs sie dann hat se.

Von vorn beginnt der ganze Reim,
wenn sie das Mausen nicht lässt sein.

Am Vogelhaus

„Filou" heißt unser Stubentiger,
der lungert rum im Garten wieder.
Statt dass er fängt sich dort ein Mäuschen
sitzt wartend er am Vogelhäuschen
als ob er dort mit seinen Tatzen
sich fangen kann mal einen Spatzen.

Jedoch die Vogel sind zu flink
und ihm partout das nicht gelingt.
Selbst wenn er nun wird bös umschwirrt,
er lauert noch ganz unbeirrt

ob denn nicht - wenn Geduld obsiegt -
ihm ´s Vögelchen in ´s Maul reinfliegt.

Doch die Spatzen und die Meisen
schimpfend einen Dieb ihn heißen,
morden ihn mit ihren Blicken
während sie die Körner picken
und sie machen ein Geschrei
als sei der Teufel mit dabei.

Der Kater sich enttäuscht nur reckt,
weil er inzwischen hat entdeckt,
dass besser er die Vögel schont:

Der Stamm, auf dem das Häuschen thront,
hat man umwickelte mehrfach grad
mit scharfgespitzem Stacheldraht.

Er schleicht zur Tür, miaut empört
weil so sein Jagdtrieb wird zerstört.
Dann eilt er voll Gefräßigkeit
zum Napf, wo ´s Futter steht bereit.

An der Vogeltränke

In dem Gebüsch lauert die Katze,
nur einen Sprung zur Vogeltränken.
Gar Appetit auf Vögel hat se
und hofft, dass die sich niedersenken,
um ihre putzig kleinen Schnäbel
ins Wasser tauchend still dort stehen,
und ihre süßen, kleinen Schädel
nicht nach dem Räuber sich umdrehen.

Schon lässt der erste sich dort nieder,
noch vorsichtig, gleich wegzufliegen,
doch dann putzt er sich das Gefieder,
und will auch frisches Wasser kriegen,
neigt hin sein Köpfchen, trinkt und trink.

- Die Katze ist zum Sprung bereit! -

Ein zweites in den Ästen singt
ganz froh und in Arglosigkeit.

Dann kommt zum Spatzen Buchfink, Meisen,
ein Zeisig stürzt sich ins Gedränge,
und überm Wasser Lerchen kreisen.

      - Die Katze schreckt die große Menge. -

Kein Vogel scheint den Ort zu meiden,.
´s geht zu wie in ´ner Bauernschenke.

      - Die Katze kann sich nicht entscheiden. -

so ist umschwärmt die Vogeltränke.

Es zwitschert laut in einem fort,
ein Rotkehlchen sich avisiert.
Weil es so buntbefiedert dort,

      - die Katze ist ganz irritiert. -

Ein Amselpaar, ein Eichelhäher,
´ne Ringeltaube und ´ne Dohle,
auch große Vögel kommen näher.

      - Ob die die Katze auch sich hole? -

Da stiebt davon die Vogelschaar,
weil gar ein Falke kommt geflogen...

Die Vogeltränke still und klar.

      - Da hat die Katze sich verzogen.

Miezekatze

Der Löwe, der ist zweifellos
´ne Miezekatze – nur in groß.
Der Unterschied wird dem gewiss,
den diese Mieze einmal biss.

Auf den Hund gekommen

Manch einer sich wohl überlegt,
ob er sich einen Hund zulegt,
der niedlich ist und brav und treu
und jeden Tag erfreut ihn neu.

> Ja, so ein Hundchen, das ist schön,
> müsst man nicht mit ihm Gassi geh 'n.

> Gemütlich bummeln fällt da schwer,
> an jedem Bäumchen schnuppert er,
> so dass man braucht auch viel Geduld.
> bis endlich setzt er sich mit Huld,
> und darf dann, dass es niemand stört,
> entsorgen, was hat ihm gehört´.

> Ist man dort in freier Natur,
> fragt man sich, „Wo dahin denn nur?"
> und schleppt das Tütchen dann mit Graus
> des meistens gar bis nach zuhaus.

Doch davon einmal abgeseh´n
ist so ein Hundchen lieb und schön,
umschwänzelt ´s Frauchen treu ergeben,
schafft Freude ihr im Alltagsleben.

Das einzige, was mich nur stört,
ist, wenn das Hundchen gar nicht hört,
um gar mit Bellen oder Kläffen
die Briefträger und Freunde äffen,
noch ärger, wenn er ausgerissen,
und schlimmer, wenn er hat gebissen.

Drum statt mit ihm nur zu Poussieren,
wär´s besser ihn mal zu dressieren.

Auch ich mag Hundchen, süß und klein,
- es muss ja nicht mein eigner sein.

Hund

Er ist des Menschen bester Freund,
wenn er gehorcht und nicht rumstreunt.
Warum sagt man, voreingenommen,
man sei wohl „auf den Hund gekommen"?

In Truhen einst vor vielen Jahren,
um dort sein Geld aufzubewahren,
war oft gemalt auf Bodens Grund.
als hübscher Schmuck ein bunter Hund.

War alles Geld dann ausgegeben
weil pechte es zu viel im Leben,
dann musste man sich darein schicken
auf diesen Hund hinabzublicken.

So ist buchstäblich es gekommen,
dass man ist auf den „Hund" gekommen.

Pferd

Man nennt das Pferd wohl deshalb „Pferd"
denn zieht ´s den Wagen, dieser fährt.

Das Pferd

Das Pferd, das hat vier Hufe,
die dienen dem Berufe,
zu ziehen, traben, galoppieren,
den Reiter durch die Welt kutschieren,
bis sie vor Apotheken stehen,
wo Pferde man kann kotz.... äppeln sehen.

Der Schimmel

Ein Schimmel, so gefleckt grau-weiß
man deshalb nur als „Schimmel" heißt,
weil an der Wand, wenn ist ´s dort feucht,
das Muster wie ein „Schimmel" deucht.

Das Nilpferd

Ein Pferd, das graste an dem Nil,
und trank daraus gar nicht so viel.
Seit ´s dabei in den Nil gefallen
ist es bekannt als „Nilpferd" allen.

Vogel

Dem Papagei, der Worte spricht,
ein bisschen Bildung man beipflicht´
und lobt und freut sich an dem Tier.

Warum heißt ´s dann mit Häme schier:
Wer sich verhält inadäquat,
dass der dann „einen Vogel" hat?

Frosch

Ein Frosch fing sich an einem Teich
´ne bunt schillernde Fliege gleich,
die meistens lebte sonst im Mist.
Dem Frosch sie nicht bekommen ist.

Denn, weil er sie nicht ausgespieh´n
wurd´ ihm erst schlecht, dann wurd´ er grün,
so grün wie an dem Baum das Blatt.
Drum „Laubfrosch" man getauft ihn hat.

Am Ufer

Ein Frosch, der saß an einem Bach
und schaute den Froschweibchen nach,
doch keine richtig ihm gefiel
auch wenn die Auswahl wirklich viel,
bis ihm auf einmal wurde klar,
dass er vom anderen Ufer war.

Froschkonzert

Ein Frosch quakte in unserm Garten,
konnt´s kaum vor Liebeslust erwarten.
Weil er die Fröschinnen möcht gern,
macht´ er deshalb den Heidenlärm.

Da unser Gartenteich sehr klein,
saß anfangs dort er ganz allein.
Dann kamen leider nicht nur eine.
Ganz vielen quakt´ er: „Sei die meine!"

Laut tönt´ er dann im Froschkonzert
dass alle ihm die Liebe wert
und spendete im Gartenteich
drum Unmengen von seinem Laich.

Am Morgen dann im Gartenteiche
lag dort am Grund des Frosches Leiche,
der sich verausgabt beim Begatten. –
Ihn mussten wir im Beet bestatten.

Hätt´ er nur eine dort geliebt,
der er sein Laich von Herzen gibt,
könnt heut´ noch ihn am Teich ertappen
als Vater von vielen Kaulquappen.

Weinbergschnecken

Man braucht nicht die Erwartung wecken,
dass lange leben Weinbergschnecken,
denn oft landen nach Franken Brauch
mit Knoblauchbutter sie im Bauch.

Splitterfasernackt

Meine Frau will sich nicht trauen
in den Garten rauszuschauen,
weil dort – so gänzlich ohne Scham -
nackt jemand grad auf sie zukam.

„Hilfe! Ein Exhibitionist
da doch in meinem Garten ist!"
ruft sie und blickt hinaus gebannt,
bis ich schnell komme angerannt.

Ist meine Frau zu Recht empört,
wie man mit Nacktheit sie da stört?
„Gar nichts verdeckt ihn – oh welch Graus,
ja nicht einmal ein Schneckenhaus."

Ich schaue hin, erst nichts mich schreckt,
bis ich die Nacktschnecke entdeckt,
die kriecht auf der vom Regen nasse
schön gefliesten Hausterrasse.

„Wie ekelig" sie lamentiert
vom nackten Anblick irritiert,
„Wie du sie wegmachst, einerlei,
doch schaff mir weg die Schweinerei."

Mit Schneckenkorn versperr ich grad
die Weg ihr auf dem Schneckenpfad.

Dann nehm´ ich Schaufel und den Besen
und gleich die Schnecke ist´s gewesen:
Sie fliegt ganz ohne Abschiedswort
zum Nachbarn hoch im Bogen fort.

Soll der sich doch mit Nacktheit plagen
und solche Schnecken selber jagen.

Nun scheint nur warmer Sonnenschein
zu uns durchs Fenster hell herein,
und meine Frau kann nun genießen
ganz unbehelligt´s Blumengießen.

Schwarzes Schaf

Der Schäferhund, der muss sie treiben,
die Schafe auf der Schäferweiden,
bis in der Herde stehen stumm
die Schafe auf der Weide rum.

„Bäh!" macht ein Schaf, „was für ein Fraß!"
und knabbert lustlos an dem Gras,
„bäh, schmeckt das richtig ekelhaft,
so langweilig und ohne Saft."
„Bäh", murrt ein weit´res Schaf dabei,
„auch ich hasse dies Einerlei!"

Ein kleines schwarzes Schaf springt munter
am Wiesenrand hinauf und runter,
hat aus der Herde sich gelöst,
die dort im Kreise mampft und döst,
um sich im Übermut zu trau´n
weit weg auch mal zum Waldessaum.

Nascht sich an Köstlichkeiten satt:
Zupft hier ein Blümchen, dort ein Blatt,
den Löwenzahn als Hauptgericht,
verschmäht auch Sauerampfer nicht,
probiert zum Nachtisch danach auch
von Birken und vom Haselstrauch.

So springt ´s herum fern von der Herde
auf unbekannter, fremder Erde
im warmen, hellen Sonnenschein.
Wie schön ist es so frei zu sein!

Ein altes Schaf sieht das mit Neid
und sagt dem Hütehund Bescheid,
dass er zurück es wieder bringt,
das schwarze Schaf, das frei rumspringt.

Gleich wird das Schäfchen streng belehrt,
dass es so die Gemeinschaft stört,

die enggedrängt steht ziemlich dumm
so mitten auf der Weide rum:

„Willst du ein gutes Schaf mal werden,
hör nur gut zu, du böses Kind,
dann musst du bleiben in der Herden,
wo wir als brave Schafe sind!"

Insekt

Die Mücke fiel in ein Glas Sekt
und stellte fest, wie gut der schmeckt.
Sie sagt, weil sie nur kannte Wein:
„Wie schön ist ´s ein In-Sekt zu sein."

Mücken

Es schwirren gleich mit Arg und Tücken,
kaum bricht die Dämmerung herein
im letzten warmen Sonnenschein,
gar tausende von fiesen Mücken.

Sie stürzen sich auf nackte Haut
von Armen, Beinen oder Hals.
Vertreiben kann sie allenfalls,
wenn man wie wild nur um sich haut.

Wo die Blutsauer finden Stellen
um dort die Vesper zu genießen,
will uns es hinterher verdrießen,
dass diese juckend dann anschwellen.

Erst Ruhe gibt ´s, wenn ´s dunkle Nacht.
Dann gehen auch die Mücken schlafen.
Jedoch mit Bissen sie uns strafen,
gleich morgens, wenn man aufgewacht.

Der große Mensch anscheinend schmeckt,
dem kleinen, winzigen Insekt.

Fisch

Es schwamm ein Fisch ganz lang im Meer,
bis dass ein Fischer schippert her.
Der fischte ganze Tage lang,
wohl weil er lebt vom Fische Fang.

Als sich der Fisch im Netz verfangen
konnt´ er nicht mehr ins Meer gelangen.
Hilflos mit tausend er dort strampelt´,
doch half ihm nichts, dass er rumhampelt´:

Es war umsonst! – Doch das Famose:
Er schmeckt uns nachher aus der Dose.

Hering

Dem Hering wäre es sehr recht,
wenn er um Heringsdamen schwimmt,
dass er wär so ein toller Hecht,
dass eine ihn zum Mann sich nimmt.

Doch wie er auch sie noch umschwärmt,
sich keine je für ihn erwärmt.

Sie näherten sich ihm erst brav,
als man im Salzfass sich dort traf.

Herings Wunschtraum

Ein Hering lebt im Fischeschwarm,
doch war ´s an Abwechslung recht arm:
Man schwamm nur hin und auch mal her
durchs Wasser von dem großen Meer.

Er dachte sich: „Ach wär das fein,
ich wär für mich auch mal allein
weil eigentlich ich es doch hasse,
zu schwimmen immer mit der Masse.“

Dann endlich er sich nicht mehr zierte
und von dem Schwarm sich absentierte.

Doch ziemlich schnell fraß ihn ein Barsch.
Da war sein Traum glatt für den .... Eimer!

Heringsatzung

Ein Hering oft so ab und an
sehr gern im weiten Meere schwamm,
mit silberschuppig, schönem Leib
zu suchen sich ein Heringsweib.

Nach langem Suchen fand er dann
ein Heringsweiblein irgendwann
und wünschte sich, das war wohl klar,
´ne riesengroße Heringsschar.

Doch da vor Liebe er ganz blind,
schnell sich im Fischernetz befind´,
so dass die Freude war nicht lang,
als man herauszog diesen Fang.

Vorbei war´s gleich mit Nachwuchs, Frau,
weil´s ging zum Fischfabriken Bau.
Nun schaut er aus ziemlich verdrossen,
ganz ohne Kopf und ohne Flossen.

Doch bald mit Äpfeln, Zwiebeln, Sahne
ich ihn als Hochgenuss erahne,
die Atzung*, die ich liebe sehr,
den Heringsfang frisch aus dem Meer.

Nur schade ist´s, dass er vorher
nicht für den Nachwuchs sorgte er,
so dass am Ende schließlich gar,
der Heringsschmaus wird viel zu rar.

Atzung = Speise

Stoßseufzer eines Herings

Ein Hering träumt im kalten Wasser:
„Ach, gäb´s nur viele Matjeshasser,
dann brauchte ich mich nicht um Morgen
und wegen Fischern mich so sorgen.

Ich viel an Freiheiten gewänne,
wenn dümpelten auf Meereskämme
die Fischerboote nicht mit Netzen,
mit denen sie so nach mir hetzen.

Es reicht schon, dass viel Raubgetier
schwimmt auch noch hier im Meer mit mir,
die ebenfalls nicht wollen missen
mich armes Tier als Leckerbissen.

Jedoch der Mensch ist wie versessen
mich irgendwie auch aufzuessen,
ob man geräuchert mich mal hat
ob kleingeschnitten als Salat
und auch kein bisschen ist es wert
wenn man mit Sahne mich noch ehrt.

Ich hasse auch die roten Tunken
in denen viele schon ertrunken,
auch aufgerollt als Rollmops dann
ich gerne drauf verzichten kann.

Im Salzfass oder etwa „grün"
es nie erstrebenswert mir schien,
und ebenfalls ist´s mir ein Graus
macht man aus mir etwa „Labskaus".

Am liebsten würd´ es für mich stimmen,
man ließe mich ganz einfach schwimmen
und alle Menschen wär´n vegan!

Dann liefe aus kein Fischerkahn!

Heringslos

Ein junger Hering schwamm im Meer
und freute sich der Jugend sehr.
Was wollte er mit großem Streben
in seinem Leben noch erleben:

In allen Weltmeeren zu schwimmen,
ein Heringsmädchen auch gewinnen,
dann einen Schwarm mit Nachwuchs gründen,
und erst im Alter Ruhe finden.

> Drum wollt´ er achtsam nicht vergessen,
> dass er zu früh wird schon gefressen.

Doch schon am nächsten Tag war´s aus:
Man zog ihn aus dem Wasser raus,
auf dass sein Traum im Netzt beendet
und in der Fischfabrik er endet.

Als erstes merkte er benommen,
dass man ihn grad hat ausgenommen;
auch war er bald nicht mehr so ganz
weil fehlten ihm der Kopf und Schwanz
und ebenso ganz unverdrossen
verlor er auch noch seine Flossen.

Während er noch am Fließband weilt,
da wird sein Körper schon zerteilt
und kommt dann als Filet, nun lose,
in eine große Weißblechdose.

In Soße liegt er nun zur Ruh´,
als man schon klappt den Deckel zu,
der ihn vor Fressfeinden bewahre.

Wenn´s gut läuft sogar viele Jahre,
so dass sich nun, ohne Beschwerden,

> sein Wunsch erfüllt, sehr alt zu werden.

Der Grönlandhai oder Eishai zählt nicht nur zu den größten Haien mir bis zu 8 Metern Länge, sondern sie können auch einige hundert Jahre alt werden und erreichen somit von allen Wirbeltierarten das höchste Alter. Auch kann er über 2000 Meter Tiefe tauchen.

Der Haifisch

Im weiten Meer – ganz still und leise –
da zieht ein Haifisch seine Kreise,
mit Putzerfischen an den Flossen,
die folgen ihm ganz unverdrossen.

Sobald im Meer man ihn gesichtet,
schon die Harpune auf ihn richtet
und hofft, man fängt ihn unterdessen,
bevor er könnte Menschen fressen.

Die Angst des Menschen riesengroß.

Der Hai, der ist ganz ahnungslos,
denn ihm sieht man es gar nicht an,
doch dieser Haifisch lebt vegan.

Er mümmelt an Seeanemonen,
will auch was Tang selten verschonen
und freut sich, wenn er ab und an,
an den Korallen lutschen kann.

Er schmust, wenn Taucher ihm begegnen,
lässt Wassertropfen auf sich regnen
und wäre sehr wahrscheinlich froh,
lebt´ er in einem Streichelzoo.

Sardine

´ne Ölsardine in der Dose,
die fand, es sei arg eng da auch.
Doch später meinte die Mimose,
viel schlimmer wär´ es noch im Bauch.

140

Makrele

Es träumte die Makrelen
von leckeren Garnelen,
von dem Sardinen Riesenschwarm
wenn´s nur nicht kalorienarm.

Denn die Makrele find es nett,
wenn sie wird groß und sie wird fett,
ein Raubfisch, der so alles frisst,
was ihm als Nahrung dienlich ist.

Ihre Gefräßigkeit ist groß,
drum braucht es blanken Haken bloß
um sie zu fangen aus dem Meer,
mit Blinker dran und sonst nichts mehr.

Dann ist sie nicht fidele,
die grausilbern Makrele,
wenn sie am Haken zappelt sehr
und man sie zieht aus ihrem Meer.

Am leckersten kommt dieser Fisch
ganz frisch gebraten auf den Tisch.
Auch isst man sie gern ganz gepflegt
gegrillt, geräuchert, eingelegt.

Und man bei jedem Biss entdeckt
wie kräftig ihr Aroma schmeckt.

Du leckere Makrele
Genuss für Leib und Seele,
drum friss dich fett bis ich dich dann
frisch aus dem Meere fangen kann.

Kalendern

Kaum hat das neue Jahr begonnen
und freut sich grad am Augenblick,
da ist es schon wieder verronnen.
Drum greif nach jedem Stückchen Glück!

Hoffnungsschimmer

Das alte Jahr eilt schnell vorbei,
schon folgt darauf das Neue.

Das Alte ist uns einerlei,
auf´s nächste man sich freue.

Und jeder hofft, und jeder denkt
dass Wünsche in Erfüllung gehen,
uns Rechtes wird diesmal geschenkt,
wenn froh wir in die Zukunft sehen.

So ist Sylvester es doch immer:
Mit Freunden und beim Gläserklang
glaubt man an diesen Hoffnungsschimmer,
dass zuversichtlich man anfang´.

Was wird im neuen Jahr geschehen,
dass weiß ein jeder nicht genau.
Selbst in Kristallkugeln zu sehen
macht uns nicht wirklich richtig schlau.

Doch lassen wir uns nicht verdrießen,
es kommt ja doch wie´s kommen muss.
Lasst uns die Stunden jetzt genießen,
und frönt dem Alkoholgenuss.

Seht in die Zukunft nach der Feier,
auch wenn´s im Kopf noch schrecklich bebt,
dann nur das Schöne im Dunstschleier,
und freut euch, dass ihr weiter lebt.

Neujahrswünsche

Kaum ist das neue Jahr gestartet,
man viel zu viel von ihm erwartet:

Es soll uns doch vor allen Dingen
viel Glück und auch Gesundheit bringen
und Träume, die wir eingestehen,
nun endlich in Erfüllung gehen.

Kurzum,
was alles ist noch nicht gelungen
wird sich vom Neujahr ausbedungen.

Doch nachgedacht!
Man gleich entdeckt:
in Kinderschuhen es noch steckt
und drum zu Anfang glatt ersäuft,
wird´s mit Erwartung überhäuft.

Selbst wenn das neue Jahr ganz frühe
gibt sich mit allen Kräften Mühe. –
Dass nichts gelingt, ist meistens Schuld
des Menschen ihre Ungeduld.

Sie sollten besser brav noch warten,
ins neue Jahr ganz langsam starten,
dass später es mit voller Kraft
tatsächlich alle Wünsche schafft.

Bis dahin sollte man nicht ruh´n
und selber etwas dafür tun.

Vorsatz

Ein Vorsatz, ganz spontan gefasst,
meist leider allzu schnell verblasst.

Drum sollten vorher wir bedenken,
worin wir uns demnächst beschränken.

Kaum ist das Feuerwerk verblasst,
hab Vorsätze ich gleich gefasst:

„Mal seh´n..."

„Ich werde ab dem neuen Jahr",
verkünd´ ich in der Freunde Schar,
„nun endlich vieles anders machen."
Doch ernte ich darauf nur Lachen:

„Mal seh´n, wie lang du diesmal brauchst,
bis wieder du Zigarren rauchst,
Mal seh´n, ob du wirst es angehen
des Öfteren zu Fuß zu gehen.
Mal seh´n, wie oft du bist bereit,
statt hektisch sein, dir nehmen Zeit.
Mal seh´n, wie lang du kannst verzichten
auf Fleisch und Schinken zu Gerichten.
Mal seh´n, ob du statt Bier und Wein,
dir öfter schenkst mal Wasser ein.
Mal seh´n, ob in dem neuen Jahr
was von den Vorsätzen wird wahr,
ob diesmal sie was länger halten,
wie du ´s versucht hast in dem alten,
und sie nicht wieder schnell vergisst,
weil ein Gewohnheitsmensch du bist."

Ich überhöre ganz beflissen
mein schlechtes, mahnendes Gewissen.
Doch macht der Freunde Spruch mir Mut,
dass alles wird schlussendlich gut:

„Lass geh 'n..." sie meinen, „bleib´ nur froh.
Wir mögen dich auch weiter so
wie du bisher stets bist geblieben,
wie wir dich kennen und dich lieben.
Mit was Gestank nach Tabakrauch,
gemütlich mit dem dickem Bauch,
stets fröhlich einen Schoppen heben,
genießend voll dein Lasterleben,
mit Hektik und mit Autofahren,
wie wir dich kennen schon seit Jahren."

Das neue Jahr

Das neue Jahr, kaum fängt es an
stellt man schon Ansprüche daran:

Warum will nicht der Winter weichen,
warum nicht lind die Winde streichen,
warum herrscht Kälte noch und Frost,
dass uns das Heizen so viel kost´?

Warum muss man noch lange warten,
bis was erblüht in unserm Garten?
Warum stellt sich nicht Frühling ein,
warum scheint hell nicht Sonnenschein?

Warum hat man an jedem Morgen
wie letztes Jahr die gleichen Sorgen?
Warum hat man schon Außenstände
wenn ist der Monat nicht am Ende?

Warum will uns das Glück verdrießen,
dass wir im Lotto nichts genießen?
Warum macht Stress die Arbeitswelt
für nur das Bisschen des Entgelt?

Warum geht man nicht mit Elan
das neue Jahr mit Schwung gleich an?
Weil statt dem Winterschlaf macht breit
sich nun die Frühjahrsmüdigkeit.

Da hat man – als das Jahr geendet –
viel Geld für Feuerwerk verschwendet,
auf dass das Böse wird vertrieben,
als sie am Himmel bunt zerstieben
und gute Wünsche man zuhauf
schickte mit ihnen dort hinauf.

> Doch ist es leider wie verrückt:
> Nichts davon scheint bisher geglückt.

Glücksbringer

Wie wichtig ist, dass eingestimmt
man ist, wenn´s neue Jahr beginnt:
Aus Marzipan das rosig´ Schwein
soll Sinnbild für das Glück mir sein.
Ein Schornsteinfeger mit der Leiter
aus Pfeifenputzern hilft mir weiter
und für Erfolg beim Handeln steh´
der Topf mit vierblättrigem Klee.

Silvesterkarpfenschuppen dann,
für Geld und Reichtum sorgen kann
und schöne Zeit deut´ ich herbei
bei Gießerei mit Zinn und Blei,
wie auch in Knallbonbons oft steckt,
was in mir Glücksgefühle weckt.

Wobei noch Sekt, so richtig kühl,
mich einstimmt auf´s Neujahrsgefühl.
Sind erst Raketen aufgestiegen
und schlechte Geister auch vertrieben,
mit Knall und Bumm und noch mehr Rauch,
kann kommen nun das Neujahr auch.

Doch stoß ich früh das Salzfass um,
verstreue Salz am Tisch herum,
und kreuzt die schwarze Katz´ nach rechts,
bedeutet das: Von nun an pecht´s!
Mit Glück mir gar nichts mehr gelingt,
wenn noch ein Spiegel mir zerspringt.

„Kommt Glück, kommt Pech?" stell´ ich die Frage.
„Hält beides sich vielleicht die Waage?"

Zwar bin ich abergläubig nicht
des morgens dann bei Tageslicht
und hoffe, dass mehr glückt als pecht.

Doch falls mal nicht, kommt´s mir zurecht:
Die Pechsträhne nützt unbedingt
als Ausrede, wenn´s nicht gelingt

die guten Vorsätze zu halten,
wie es schon war im Jahr, dem alten.

Optimismus

Ein neues Jahr hat angefangen.

Trotzdem befürchtet man mit Bangen,
dass das, was machte uns viel Sorgen
uns weiter stören wird auch morgen.
Man in Erinn´rung sich bewahrt
was Übles hat sich angespart,
viel Ärger, Ängste, Furcht und Leid,
nicht nur um Geld und Gesundheit.

Was musste Arges man da sehen,
was um uns rum ist da geschehen.

Doch liegt das alte Jahr zurück,
wächst auch die Hoffnung auf das Glück,
dass alle Sorgen zu Sylvestern
wegschmelzen wie der Schnee von gestern.

Drum ist das neue Jahr gestartet,
wird einfach jetzt ein Punkt gemacht
und man das Beste nur erwartet,
auf dass das Herz uns wieder lacht.

    Mit Optimismus frohen Mutes
    wird meist bewirkt auch etwas Gutes.

Neujahrsspruch

Man kann mit Sorge voraus sehen
was könnt´ im neuen Jahr geschehen,
jedoch dass Gutes da auch ist,
sieht leider nur ein Optimist.

Neujahrswunsch

Vergang´nes Jahr bracht ´s leider nicht,
was ich erhofft vom alten.
Das neue Jahr mir Glück verspricht!
Nur soll es das auch halten!

Was wünsch´ ich mir vom neuen Jahr?
Am Bankkonto ein „Plus",
ein „Minus" auf der Waage gar.
Das doch gelingen muss.

Doch mach es diesmal richtig wahr –
vertauscht es nicht wie letztes Jahr!

Warnung

Nach Weihnacht gleich im neuen Jahr
ist manches anders, als es war.

Man sollte sich belohnen
und sich vor Ärger schonen
drum lasst es besser bleiben
auf Waagen aufzusteigen.

Sie zeigen unvoreingenommen
wie viel ihr wirklich zugenommen.

Optimist

Das neue Jahr, wenn es anbricht
bei Feuerwerk und Sekt,
dem Optimisten viel verspricht,
weil Chancen er entdeckt:

Sich nicht für Fehler zu genieren,
statt ärgern, lieber drüber lachen,
was Neues auch mal ausprobieren,
nicht gleiche Fehler wieder machen.

Nicht alles wird auch gut gelingen,
auch er wird manchmal nicht verschont,
doch freut es ihn vor allen Dingen,
dass sich das Leben trotzdem lohnt.

Der Pessimist will nichts erwarten,
weil´s letzte Jahr war trübe bloß.
Drum, will das neue Jahr jetzt starten,
schaut er voraus ganz hoffnungslos:
Nichts deutet, dass es besser werde
und alles bleibt wohl wie es ist.

Dabei winkt doch auf dieser Erden
Veränderung dem Optimist.
Drum´s neue Jahr ihm viel verspricht,
wenn auch ihn Böses nicht verschont.

Dem Pessimisten winkt das nicht –
er glaubt, dass Hoffnung sich nicht lohnt –
denn kommt er an das Jahresende
und schaut verdrossen dann zurück
füllen nur Klagen seine Bände...

    beim Optimist dagegen Glück!

Neugeburt

Die Wehen sind gerad´ vorbei,
wenn ´s neue Jahr geboren
und unter böllernd Wehgeschrei
das alte geht verloren.

Ein jeder will es schnell vergessen –
dem Neuen wird sich zugewandt.
Begierig sind wir drauf versessen,
ob dieses zeigt mal mehr Verstand.

Das Alte ist schlecht weggekommen,
denn jeder musst´ mit Wehmut sehen
dass es zum Ende zwar gekommen,
jedoch zu wenig ist geschehen.

Die Wünsche, Hoffnung und das Ziel
die haben sich doch nicht erfüllt.
Hat man erwartet gar zu viel,
dass unsre Sehnsucht nicht gestillt?

Nach Frieden auf der ganzen Welt,
mehr Freundschaft und Gemeinsamkeit,
nicht nur die Jagd nach noch mehr Geld,
stattdessen mehr Zufriedenheit.

Wir optimistisch wieder sind,
dass alles sich zum Guten wendet,
und legen Hoffnung in das Kind,
bevor auch dieses Jahr mal endet.

Doch vorerst wird noch rumgedrechselt,
wer denn dem Kind die Windeln wechselt.

Kriminell

Wenn´s im Kalender stehen mag
des Frühlings erster Ankunftstag,
auf dass Herr Winter sich verzieht
und die Natur endlich aufblüht,
so warten wir noch lang vergebens
auf Zeichen eines Frühlingslebens.
Warum der Frühling es nicht schafft?

Er sitzt in Untersuchungshaft!

Der Grund für seinen Aufenthalt:
Er frönt angeblich der Gewalt!
Man will ihn nun dafür anklagen,
dass die Natur er lässt „ausschlagen"!

Der Staatsanwalt ermittelt auch
von wegen Schusswaffengebrauch:
Statt dass der Frühling lässt sie sprießen
soll 'n Blumen aus dem Boden „schießen"!

Und weil ein Schneemann wird vermisst,
die Polizei am Tatort ist,
ob den – entführt für Lösegeld –
der Frühling wohl gefangen hält.
Vielleicht geht es sogar um Mord,
denn schließlich ist der Schneemann fort?!

Da diese Taten so verrucht,
wird noch nach Mittätern gesucht:
So soll, wenn Wolken sie durchbrechen,
der Sonne Strahlen schrecklich „stechen"!
Und auch der Weidekätzchen Fell
erscheint als Tarnung kriminell.

Wir hoffen derweil unverdrossen,
dass die Ermittlung abgeschlossen
und, weil er so ist nicht zu fassen,
der Frühling wird bald freigelassen.

Die Polizei, Herr Winter, rät: Verhütet Kriminalität!

Osterglocke

Die Osterglock´ im Blumenbeet
hat Angst, sie käme noch zu spät,
stemmt sich empor durch harschen Schnee,
dass sie die Frühlingssonne seh´.

Doch Frühling ist´s auf keine Weise,
um sie herum nur Schnee und Eise.
Gelb steht sie da – zu früh genau –
ein Farbtupfer in kaltem Grau.

Der Hausfrau hat´s an´s Herz gegriffen
und flugs wurde sie ausgerissen,
steht leuchtend nun am Kanapee:

      Drinnen ist Frühling – draußen Schnee!

Verflixt

Kaum werden Tage wieder lang,
so völlig ohne Übergang
und kaum der Winterschlaf nun weicht,
sich Frühjahrsmüdigkeit einschleicht.

Fenster

Es trügt der helle Sonnenschein,
als lädt er zum Spazieren ein,
doch kühl weht Wind von Norden her
weshalb es fröstelt mich noch sehr.

Am Frühjahr habe ich nur Spaß
am liebsten hinterm Fensterglas.

Kroküsse

„Der Frühling die Natur erweckt,
spart nicht mit seinen Küssen,
was man im Garten gleich entdeckt
an zartbunten Kroküssen."

Äh, Moment...

Ein Fehlerteufel darin steckt!
Zum Reimen brauch´ ich „Kussen",
mit dem der Frühling was erweckt.
Das passt dann zu Krokussen.

Ne, ne...

Die Mehrzahl macht mir ´s richtig schwer!
Doch nur ein einz´ger Kuss
gibt dann ja auch nicht so viel her:
Ein einzigen Krokus.

Ach!

Was muss ich mich hier plagen
für ´n Frühling und sein Schmusen,
um einen Vers hier aufzusagen.
Das kann ich kaum verknusen.

Also dann:

„Der Frühling, der spart wahrlich nicht
mit vielen zarten Küssen."
Es hat doch, wenn man ´s richtig spricht,
Krokusse heißen müssen.

Na siehste!

Warten

Der Frühling will sich noch nicht zeigen -
kein grünes Blatt an Ast und Zweigen,
nur braungrau stehen Wald und Hecken.
Will sich der Frühling denn verstecken?

Kaum Knospen aus der Erde sprießen
weil Sonne sie nicht wachsen ließen,
nur Schneeglöckchen so herrlich weiß,
die fürchten weder Schnee noch Eis.

Worauf will noch der Frühling warten
in Feld und Flur und in dem Garten?
Obwohl es kalendarisch stimmt
dass er doch jetzt im März beginnt.

Hat den Beginn er schlicht verschlafen?
Wie kann er die Natur so strafen.
Die Vöglein wollen Nester bauen,
die Tiere schon nach Partnern schauen,
und auch die Menschen sind es leid.
Nichts Frühlingshaftes weit und breit.

Lasst Wecker schrillen, Glocken läuten,
um ihm ganz deutlich anzudeuten,
dass es wird Zeit nun aufzusteh´n
und über Feld und Wald zu geh 'n,
wo die Natur er soll aufwecken -
und uns mit Lenz und Liebe necken.

Endlich

Schneeglöckchen bimmeln aus dem Schnee,
wie auch Krokusse ich schon seh´,
und gelb die Osterglockenknospen
uns erste Aufmerksamkeit kosten.

Denn jeder kleine Blütengruß
die Hoffnung uns versüßen muss,
dass endlich nach der kalten Zeit
der Frühling ist nun nicht mehr weit.

Noch nicht

Auch wenn schon mal die Sonne lacht:
Ein Schneeglöckchen kein Frühling macht,
denn andre Blumen sich verstecken
noch lang in allen Gartenecken.

Denn keines schon heraus sich wage
und wartet noch auf warme Tage.

Auch wir erwarten voller Huld
den Frühling schon in Ungeduld,
dass endlich wieder man erblickt,
was uns im Frühjahr so entzückt.

Doch denkt da niemand an den Garten
- dort können Blumen lange warten -
denn lieber dort in dem Café
man endlich Schönes jetzt erspäh´:

Dass Mädchen und die jungen Frauen
sich ohne dicke Mäntel trauen,
zu zeigen endlich was Figur,
auch wenn man träumend schaut hin nur.

Man schickt ein Pfiff den Mädchen nach:
Selbst wenn ´s für Alte geht gemach,
die sich die Lust haben bewahrt,
wenn man der Jugend so nachstarrt.

Ungeduld

Ob endlich doch der Frühling kommt?
Nach dem Kalender es ihn frommt.
Zu lange ließ er auf sich warten,
in Feld und Wald und auch im Garten.

Nur manches Blümlein will es wagen
zu zeigen sich in diesen Tagen,
verspricht, dass sich der Lenz stellt ein
mit Schneeglöckchen und Krokus klein.

Auch lockt hervor manch´ Sonnenstrahl
gelb die Forsythie auf einmal,
und wagen ebenso beflissen
sich vorzurecken die Narzissen.

Auf Mandelbäumen sprießen Blüten
obwohl noch kalte Winde wüten,
dass ganz bestimmt noch nicht erschienen
zu dem Bestäuben Hummel, Bienen.

Nun warten schlehenweiße Hecken
an Wegen und an Waldesecken,
dass sie bald Frühlingsonne wärmt
und sie von Tieren wild umschwärmt.

Zugvögel landen schon hernieder
und bauen ihre Nester wieder,
auch sonst erwacht froh die Natur.
Wo bleibt denn nun der Frühling nur?

Wir warten drauf voll Ungeduld.

Nicht der Kalender hat dran schuld.
Der wies schon vor paar Tagen hin,
dass nun der Frühling hat Beginn.

Doch wenn das Thermometer steigt
sich Hoffnung etwas darin zeigt
- auch wenn paar Grade sind es nur -
dass langsam steigt die Temp´ratur.

Wir scharren schon mit beiden Füßen,
wir woll´n den Frühling bald genießen,
der unsre müden Geister weckt
und uns im Lenz mit Liebe neckt.

Frühlingsfarben

Der Frühling, der ist eingezogen
und hat die Welt frisch renoviert.
Mit Blau streicht er den Himmelsbogen,
die Wiesen neu grün tapeziert.

Auf lindem Grund der Ackerkrumen,
leuchten die Farben Gelb, Weiß, Bunt:
Krokus, Narzissen, Schlüsselblumen
sprießen zur Sonne aus dem Grund.

Bäume verziert mit grünen Spitzen,
glitzernder Tau wie Diamant,
in dem die Sonnenstrahlen blitzen,
und prallem, bunten Blütenstand.

Noch steh´n vom großen Saubermachen
von kaltem Schnee am Waldesrand
die letzten klaren Wasserlachen,
denn frischgewischt ist nun das Land.

Im Sonnenschein auf weiter Flur,
hell leuchtend wie durch Feen Hand,
zeigt das Erwachen der Natur
sich nun im schönsten Festgewand.

Es summt und zwitschert in den Lüften,
ein Wolkenschiff treibt sanft vorbei.
Ein milder Wind mit süßen Düften
verspricht den Wonnemonat Mai.

Des Frühlings Haus ist frisch gestrichen,
und alles herrlich anzusehen:
Das Grau des Winter ist gewichen
für Farben, die für´s Leben stehen.

Frühling im Pfälzer Wald

Am Wiesenrain und Waldrand stehen
weiß blühend Wildkirschbäume und auch Schlehen.
Sogar ein zarter Hauch von Grün
will Birkenkronen überzieh 'n.

Der Weg, der schlängelt sich gewunden,
um jeden Hügel zu umrunden,
in Kurven weit und enger mal
und führt dann in das nächste Tal.

Dazu ein Zwitschern in den Bäumen,
die den gewund´nen Weg besäumen,
selbst manchen Star man schon entdeckt.
Die laue Luft nach Frühling schmeckt.

Die Auen bunt gesprenkelt sind,
wenn über Blüten streift der Wind
und Sonne scheint durch lichten Wald,
den ´s Blätterdach verbirgt wohl bald.

Den Boden Moos und Laub bedecken,
durch die sich Buschwindröschen strecken,
um zwischen Stämmen von den Buchen
den Weg zur Sonne hin zu suchen.

An Weiden, die den Bach einsäumen,
verschlafen Weidenkätzchen träumen.
Nur ab und zu ein Kuckuck schreit,
der für den Frühling ist bereit.

Auch Schlüsselblumen, Löwenzahn
steh´n leuchten gelb im Schlendrian
der friedlich´ Unbekümmertheit
in dieser schönen Jahreszeit.

Ein Rauschen weit hoch in den Lüften,
sonst Stille voll mit Frühlingsdüften
nach Blumen, Nektar, Blütenpollen,...

... die nur Allergiker nicht wollen.

5 Sinne lassen sich beim Mensch entdecken:
Sehen, Hören, Tasten, Riechen, Schmecken.
´nen 6. Sinn hat nur die Frau,
wenn sie dem Manne mal nicht trau´.

Frühling mit allen Sinnen

Geschmolzen ist der letzte Schnee.
Der Winter geht, soweit ich seh´.
Zwar sind noch Wiesenhalme steif
bedeckt so früh mit weißem Reif,
weil noch die Nacht eiskalt gewesen, –
kann ich am Thermometer lesen.

Doch lockt am Tag der Sonnen Schein
hervor so manches Blümelein.
Schon überall, an allen Ecken
Schneeglöckchen ihren Kopf vorstrecken.
Auch zeigen Primeln und Krokus,
dass endlich Frühling werden muss.

Das Himmelblau und Sonnenschein,
lädt mich zu dem Spaziergang ein,
früh morgens, dass allein ich nur
mich freuen kann an der Natur.

Die Luft **riecht** frisch, ist etwas lau,
und ich auf das Erwachen **schau´**,
wie zartes Grün und Knospen prall
versprechen Frühling überall.

Ich **hör** die Vögel zwitschernd pfeifen,
kann erste Weidenkätzchen **greifen,**
seh´ Bienen um die Blüten summen
und **hör´** manch´ Hummel dunkel brummen.
Auch duftet in der kühlen Luft
manch´ zarter, schwacher Blütenduft.

Wie ich da vor mich hin so geh´
ich ´s Eis auf Pfützen überseh´.
Ich schlag lang hin, lieg nun im Dreck
wo ich sogar den Frühling **schmeck´**.

Der Lenz ist da

Die jungen Blümlein sprießen,
der blaue Himmel lacht,
bei Sonne wir genießen:
Der Lenz ist jäh erwacht.

Heraus nun aus der Stube,
der Frühlingsduft verlockt.
Kein Mädchen und kein Bube
allein zu Hause hockt.

Aus feuchter Erde recken
sich Triebe schon empor
und an den Weidenstecken
steh´n Weidenkätzchen vor.

Auch unter dicken Jacken
regt sich manch feiner Trieb:

Man will sein Liebchen packen,
keimt Liebe im Gemüt,
um sie dann mit Entzücken
ganz fest an sich zu drücken!

Im Baum die Vögel singen,
verlockend froh und hell,
uns auf Gedanken bringen,
die sind des Lebens Quell.

Verlockung

Was hast du dir dabei gedacht,
als uns die Frühlingssonne lacht
und du den Kopf mir zugeneigt?

Der Kuckuck ganz erschrocken schweigt,
als einen Kuss ich raube,
hier in der Gartenlaube.

Frühling und so

Der erste warme Sonnenschein
weckt lang schlummernde Triebe.
In der Natur spießt jeder Keim
beim Menschen auch die Liebe.

Und wenn das zarte Grün sich zeigt
baut auch der Star sein Nest.
Der Mensch ist jedem zugeneigt
bei der Gefühle Fest.

Die ersten Hummeln suchen schon
nach bunten Blütenkelchen.
Beim Menschen startet die Saison:
Wer sich verliebt in welchen?

Denn wenn erwacht ist die Natur
hat man im Kopfe eines nur.
In lauen Lüftchen duftet schon
nebst Blütenduft das Pheromon.

Drum küsst der Hans auch Lisas Mund,
die haut ihm dafür auf die Backen.
So bringt er die Entschuldigung:
„Der Lenz kriegt mich zu packen!"

Frühlingswind

Es ging ein leichter Frühlingswind,
der hob das Röckchen an geschwind.
Und wie in der Natur die Triebe
lockt´ er hervor die liebe.

       Oh, böser, böser Frühlingswind,
       drei Jahre ist es schon, das Kind.

Gefühle im Lenz

Was sich regt, wenn hell die Tage,
ist für alle keine Frage,
denn mit etwas Sonnenschein,
stellt sich bald die Lust auch ein.

Lust, sich wieder raus zu wagen,
Lust, nur Leichtes noch zu tragen,
Lust, um etwas zu flanieren
und den Mädchen nachzustieren.

Lust im Kaffeehaus zu sitzen,
wo die kurzen Röckchen blitzen,
die an diesen schönen Tagen
so viel Hübsche vorbei tragen.

Liebe Mädchen lass uns blicken,
was bereitet uns Entzücken,
was beflügelt Fantasie,
auch wenn was geschieht doch nie.

Lust, nur mal zurück zu denken,
als wir Lust konnten verschenken,
und wir in Erinnerung
fühlen wieder uns mal jung.

Lieber Lenz, dir muss ich danken,
dass du uns in den Gedanken
lässt die Jugend noch erleben,
als wär jung noch unser Leben.

Und wir hoffen – Jahr für Jahr -
dass es stets wird immer wahr,
wie du Lenz uns alte Mannen
hältst mit Lustgefühl gefangen.

Und niemand lässt sich verdrießen
jährlich dieses neu genießen,
auch wenn längst die Zeit vorbei,
als wir tatkräftig dabei.

Frühlingsgefühle oder die hübsche Gärtnerin

Ich geh´ im Garten vor mich hin
und seh´ die hübsche Gärtnerin.
Mein Sinn erwacht, mich zu bemüh´n
um...   meinen Garten, frühlingsgrün.

Natürlich regen sich die Triebe.
Mich lockt der Lenz, ich denk an liebe...
       Freunde, die wie ich bedacht,
       dass endlich die Natur erwacht.

Die Gärtnerin, jung und gesund,
mit einem lockend´ roten Mund.
Ich sehne mich nach einem Kuss...
       der Sonne, die gleich scheinen muss.

Nun, um die frauliche Figur,
zeichnet die Sonnen scharf Kontur.
Sofort ich mich geschickt so wende,
damit...   die Sonne mich nicht blende.

Das hübsche junge Mädchen lacht.
Die Hitze steigt mir auf mit Macht,
ich spüre froh Frühlingsgefühle...
       auch wenn es trotz der Sonne kühle.

In dieser Frische sie wohl fror.
Die zarten Knospen steh´n hervor,
die...   in der Sonne bald austreiben
       an Bäumen- und an Büschen Zweigen.

Adrett trägt sie die engen Blusen.
Und mir gelingt ein Blick zum Busen...
       der Natur, die jung und grün
       ist hier im Garten anzuseh´n.

Die Beine schlank bis zu dem Po.
Ich schaue hin, bewundre froh,
was wohlgeformt da vor mir steht...
       ein Buchsbaumstrauch im Blumenbeet.

Sie pflegt die Blumen und sie schafft.
Wohl schnell steigt auf der drängend Saft
in...   Pflanzen, bis die Blüten sprießen
             und wir die Farbenpracht genießen.

Emsig sie schafft nach vorn gebückt.
Ich bin vom Ausblick hell entzückt,
welch´ Wonne man hat zu erwarten,
wenn...   richtig pflegt man seinen Garten.

Nun reckt sie sich, stutzt eine Hecke.
Derweil seh´ ich die nackte Schnecke,
die...   kriecht über ein Blatt Salat,
             an dem sie sich wohl gütlich tat.

Ein Windstoß fährt ihr untern Rock.
Ich weiß, ich hab´ ganz sicher nun den Bock
zum...   Gärtner wirklich nicht gemacht,
             der über meinen Garten wacht.

Und...   wer bei „Frühling", „Gärtnerin"
             hatte was Schlimmes mal im Sinn,
             der schäme sich! – Ich nicht,
             ich schrieb nur einfach dies Gedicht.

Gedankenspiele

Wie schön, dass die Erinnerung
macht uns tatsächlich wieder jung,
und wir mit Freuden daran denken,
was alles konnte wir verschenken.

Auch wenn so vieles ist vorbei
man denkt gern dran! – Tandaradei!

Erwähnt sei nur gelinde: Wir zwei unter der Linde
(Walther von der Vogelweide)

Lenz und Liebe

Wenn Tage länger werden nun
und Sonne wärmt die Glieder,
will niemand mehr im Zimmer ruh´n –
nach draußen drängt´s uns wieder.

Denn die Natur erwacht mit Macht
im warmen Strahl der Sonne,
die alles neu belebend macht,
dem Mensch und Tier zur Wonne.

Und endlich sieht man überall,
wie nun der Winter weicht.
Die Wiesen bunt, die Knospen prall,
und Kleidung wird nun leicht.

Wenn uns der Lenz mit Sonne wärmt,
weil er will Sommer proben,
zeigt sich dem Mann, wovon er schwärmt:
Der Rocksaum rutscht nach oben.

Auch Mäntel, Jacken bleiben nun
zuhaus´ im Kleiderschrank.
und durch die Blusen aus Kattun
scheint Schönes, gottseidank.

Und so erwachen auch die Triebe,
bei Mensch und Tier gleichwohl.
Der Lenz erweckt die liebe Liebe,
und alles wird frivol.

Zu Bäumen, schon mit zartem Grün,
paarweise mit dem Schatz
die Vögel eifrig zwitschernd zieh´n,
zu suchen sich dort Platz.

Dort tun sie ihrem Namen Ehr´. –
Der Mensch dagegen tut sich schwer...

Er kann nicht ungezwungen, pur,
den Reiz genießen der Natur,
will sich das heimlich meist´ nur trau´n
versteckt in einem dunklen Raum.

So rächt sich die - mit vollem Hohn -
gepriesene Evolution.

Wenn der Frühling kommt

Wenn es dem Petrus endlich frommt,
dass zu uns nun der Frühling kommt,
wenn Jacke, Mantel bleibt daheim,
weil wärmend scheint der Sonnenschein,
wenn auch die die Stühl´ am Caféhaus
schiebt der Besitzer endlich raus,
wenn man kann dann so schön studieren,
die hübschen Mädchen beim Flanieren,
wenn im Duett dort Busen wippen
in vollen Blusen über Rippen,
wenn kurze Röckchen knapp am Knie
beflügeln Männer Fantasie,...

dann neckt der Frühling mit der Liebe,
weckt schmunzelnd in uns Frühlingstriebe.

Die jungen Männer gleichen Affen,
die hübsche Mädchen nun begaffen,
nachpfeifend Anerkennung zollen,
weil sie sie kennenlernen wollen,
und stellen an die tollsten Sachen
um sie gewinnend anzumachen.

Sogar beim dem gesetzten Mann
fängt nun die Balzerei auch an,
und er macht drum die dümmsten Schnurren,
wie wenn am Gehsteig Tauben gurren.
Er schniegelt sich, setzt sich in Pose,
wählt kurzes Hemd und enge Hose,

färbt sich das Haar, zieht ein den Bauch
und gibt sich jugendlich sonst auch.

Da auch beim anderen Geschlecht
Hormone sprudeln artgerecht,
wird bald geflirtet, rumgemacht,
dass sich der Frühling fast totlacht,
wie er ganz heimlich und diskret
der Menschheit so den Kopf verdreht.

> Nur eine ist den Frühling leid:
> Das liebe, brave Eheweib.

Erste warme Sonnenstrahlen

Nun endlich kommt die Sonne raus,
lockt jeden wieder aus dem Haus,
vor allem auch die Kinderschar
findet das Wetter wunderbar.

Der Opa schiebt den Kinderwagen,
manch Mütter auch ihr Kleinkind tragen
doch allen ein Ziel ist gemein:
Es muss der Spielplatz wieder sein.

Auf Schaukel wippt es überall,
am Bolzplatz drischt man schon den Ball,
und kaum will man den Augen trauen:
Im Sandkasten sie Burgen bauen.

Ein jeder von zuhaus´ eilt fort
zu diesem vielbesuchten Ort,
wo Kinder jauchzen vor Vergnügen,
sich Eltern mit Zuschau´n begnügen.

Doch Hauptsache man kommt nun raus
nach Monaten zuhaus´ im Haus,
So können erste Sonnenstrahlen
uns Lächeln in Gesichter malen.

Liebesschwüre

Wenn die Natur der Lenz erweckt
wird alles rundum angesteckt
mit Sprießen, Wachsen und mit Liebe
durch Wärme und Hormonen Triebe.

Dies zeigt bei Pflanzen sich und Tier,
auch ist der Mensch empfänglich hier.
Gar keiner kann sich dem enthalten,
befällt die Jungen wie die Alten.

Selbst wird ein Mann schon langsam grau,
macht er verrückt sich nach der Frau,
umschmeichelt, lockt, will sie betören,
dass manchen Unsinn kann man hören,
mit denen er die Frau umgarnt.

Vor solchen Sprüchen sei gewarnt:

Drum Achtung, wenn er sich da brüste,
zu stillen seine Lenzgelüste,
dass er am liebsten würd´ es wagen
sie „**auf den Händen stets zu tragen**"...

Dabei tut er sich doch schon schwer
´ne Kiste Bier zu bringen her,
oder mal Wein, Holz oder Kohlen
von unten aus dem Keller holen.

Auch säuselt er, um zu gefallen,
er sei der bester Mann von alle
und habe sie ja doch so gerne,
dass er „**vom Himmel holt die Sterne**"...

Doch schwindelt ihm schon in den Höhen,
muss er ´ne Glühbirne eindrehen
und gibt vor Höhenangst es drauf
Gardinen aufzuhängen auf.

Auch geht es schief – da möchte´ ich wetten,
will er sie gar „**auf Rosen betten**",

ein Himmelbett ihr draus bereiten
und sie zur Liebelei verleiten.

Dabei hat er im ganzen Haus
nicht einen einz´gen Blumenstrauß.
In Blumenkästen kann man sehen,
vertrocknet die Geranien stehen.

Um Himmels willen – glaubt ihm nicht,
wenn vollmundig er ihr verspricht,
dass er für sie am Herde steht,
weil „**Liebe durch den Magen geht**"...

Fertiggericht in Mikrowelle
kriegt er noch hin, so auf die Schnelle,
denn da er gar nicht kochen kann,
brennt ihm sogar das Wasser an.

Zuletzt will er sich nicht genieren,
sie in ein „**Märchenschloss entführen**"
und lädt sie zuckersüß dann ein
im „**siebten Himmel**" dort zu sein.

Doch stellt sich dann am Ende raus,
er wohnt im Mietskasernenhaus
und da nicht oben, letzter Stock,
weil er im Souterrain nur hockt.

Drum, wenn im Lenz die Blümlein sprießen
ist alles nur mit Vorsicht zu genießen.

Frühlingsgezwitscher

Wenn zwitschert es von allen Bäumen,
kein Schnee gilt es mehr wegzuräumen,
dann zeugt der Vögel Sang und Klang,
der Frühling fängt nun wieder an.

Das freut vor allem doch nicht nur
Getier und Pflanzen der Natur -
nein, auch die Menschen nun erwachen,
mit Kosen, Werben und mit Lachen.

Der Frühling lockt mit allen Trieben
sich endlich wieder neu verlieben,
auch wenn die Hausfrau manchmal schmollt
und so dem Frühling öfters grollt.

Denn nun ihr Ehemann oft blickt
dahin, was ihn wohl sehr entzückt,
nach kurzen Röckchen, engen Blusen,
als glaubt er, dort wär was zum Schmusen.

Sie treibt ihm den Gedanken aus -
das Nudelholz schickt ihn nach Haus´,
wo er soll sich gefälligst richten
für seine ehelichen Pflichten.

Ach, liebe Frauen, habt doch Gnade,
der Senior sich befindet grade
nur in dem frühlingshaften Traum,
um die Vergangenheit zu schau´n,
als er euch damals konnt´ betören
und ihr ihn wolltet auch erhören.

Seitdem das Zwitschern ihn gemahnt,
was ihr vielleicht nicht heimlich ahnt,
dass seine Liebe jedes Jahr
im Frühling wird doch wieder wahr.

So jedes Jahr, wie mit der Uhr,
erneuert sich die Liebe nur.
Ihr sollt dem Ehemann drum trauen,
wenn er will nach den Mädchen schauen.

Vogelgezwitscher

Vogelgezwitscher in den Bäumen
lässt manchen von der Jugend träumen
als damals dieser schöne Ton
drang durch die Luft voll Pheromon.

Was damals süß lag in der Luft,
des Frühlings einzigartig Duft,
verdrehte allen nur die Sinnen,
wenn neu das Jahr wollte beginnen.

Die Röcke kurz, die Blusen knapp
ging die Moral ganz schnell hinab,
und niemand konnte es verknusen,
wenn gab es niemanden zum Schmusen.

Ja selbst das Mauerblümchen dann
einen Verehrer finden kann,
so dass Verlobung man verkündet
und bald darauf die Ehe gründet.

Wenn heut´ der Zwitscherklang erklingt,
sich mancher da zurückbesinnt:

Der eine blickt ganz froh zurück,
als er damals fand da sein Glück,
der andre sich noch heute quält,
wen er hat damals sich erwählt.

Jedoch ihr Männer zeigt doch Huld,
kein Vogel hat daran je Schuld.
Der Frühling macht´s, der reizt die Triebe
und schenkt uns jährlich neue Liebe.

> Wenn ihr das nutzt – ihr werdet seh´n –
> kann froh das Leben weiter geh´n,
> dass, statt Gewohnheit, wieder neu
> man sich an seinem Partner freu´.

Es vögelt

Nun endlich ist der Frühling da!
Es riecht nach Lust und Lieben.
Wir singen alle „Trallala"
und geben nach den Trieben.

Es tuen doch die Vögel alle,
die Meisen tun ´s, die Stare tun ´s,
die Spatzen tun ´s in jedem Falle,
auch Finken, Lerchen, Tauben tun ´s.
und außerdem hab ich geseh´n,
dass selbst bei Störchen kann ´s gescheh´n.

Wie ´s Vögel tun in der Natur
erleb´ ich überall jetzt nur.

Auch sollt´ die Lust bei mir nun siegen –
ich tät es gern den Vögeln nach,
doch ein Problem gibt ´s bei der Sach´:
   Denn ich kann leider gar nicht fliegen.

Frühlingsmusik

Kaum ist der Frühling wieder da,
komm 'n Vögel her von fern und nah.

Man kann auf Bäumen, Zweigen, Hecken
die muntern Tierchen oft entdecken
und selbst wenn nicht – bei ihrem Flirt
man überall sie lauthals hört.

Sie zwitschern, pfeifen, tirilieren,
um so ein Weibchen zu verführen
und glauben, wenn sie laut nur singen,
sie leichter in ihr Nest zu bringen.

Was da die Vögel noch so treiben,
das will ich besser hier verschweigen...

Heißer Frühling

Was war der Lenz einstmals so schön!

Nun bläst die Luft wie aus dem Fön.
Kein lindes Lüftchen uns umweht,
im Zimmer vielmehr Hitze steht.

Der Frühling ist so ungestüm,
die Blüten – kaum erblüht – verblüh 'n
und wer die Sonne will genießen,
den wird ein Sonnenbrand verdrießen.

Auch wenn der Frühling sonst ankündet,
dass Leidenschaft sich sanft entzündet,
hält Liebe nicht, wovon man schwärmt,
wenn sie zu schnell und heiß erwärmt.

Das Wetter macht halt Kapriolen
die Jahreszeiten einzuholen;
wenn das so munter weiter geht,
sind wir im Sommer schneeverweht.

Drum, lieber Frühling, komm zu Sinnen,
so kannst´ kein Blumentopf gewinnen!

Lass sanft du die Natur erwachen,
mit Sprießen, Blühen, munter machen,
mit zartem Knospen in den Trieben,
mit Sehnen, Träumen und Verlieben.

Nach langem Winter jedermann
den Frühling kaum erwarten kann – Aber...

Frühjahrsputz

Im kalten Wind schon an den Zweigen
sich erste Weidenkätzchen zeigen.
Auch sonst will die Natur nicht warten
und wieder sprießt ´s in unserm Garten:

Krokusse, meist die lilablauen,
sind schon am Rasenrand zu schauen
und Schneeglöckchen, so ganz in weiß,
läuten den Frühling ein ganz leis´.

Selbst Osterglocken, welche Wonne,
erscheinen goldgelb wie die Sonne,
die noch verbergen Wolkenfetzen.
Doch kann uns das nicht mehr entsetzen.

Der Winter hat endlich verloren
und die Natur wird neu geboren.

Auch meine Frau kann ´s kaum erwarten,
dass Frühling wird in unserm Garten.
und zeigt sich erst ein Sonnenstrahl,
da bleibt mir keine andre Wahl,
denn für sie gibt ´s kein Artenschutz:
Die Frau befielt den Frühjahrsputz:

Muss schneiden nun die Büsche, Hecken,
den Teich reinigen in allen Ecken,
muss stechen aus die nicht so netten
Löwenzahnes Blattrosetten,
und schließlich auch gebückt noch jäten
das wuchernd Unkraut in den Beeten.

Ist das geschafft, ich mich nicht freu´,
denn auch der Zaun braucht Anstrich neu
und die Terrasse muss ich fegen
des Herbst und Winters Nachlass wegen,
um schließlich sie noch abzuspritzen
bis fast wie neu die Fliesen blitzen.

Ist alles das erst mal getan
und fängt der Frühling richtig an
mit ersten warmen Sonnenschein,
lädt meine Frau die Nachbarn ein.

„Nun ist´s im Garten so adrett,
da wär ein Frühlingsfest doch nett.
Man muss das schöne Wetter nutzen!"

Ich muss drum Tisch und Stühle putzen,
wenn dann am Frühlingswochenende
die Nachbarn kommen aufs Gelände.

Den Grill auf die Terrasse rücken,
ihn noch mit Holzkohle bestücken,
auch hat die Frau mir noch befohlen
Wein aus dem Keller hochzuholen.

Die Sonne mich nur noch auslacht,
wenn sitzt beisamm´ die Nachbarschaft.
Die freut sich, wenn die Würstchen duften.

Ich steh am Grill und darf dort schuften
bis bald dann in der Gluteshitze
auch Fleisch dort brutzelt und ich schwitze.

Die Hände schwarz von Kohlenruß
ich emsig´s Grillgut wenden muss
und darf es ihnen noch servieren,
derweil die Nachbarn froh parlieren
und haben lachend ihren Spaß.

Ich tröste mich am Schorle Glas,
weitab, denn rußig und verschwitzt
man nicht gern eng bei Freunden sitzt.

Erst als die Dämm´rung angefangen
sind endlich sie nach Haus gegangen
und meine Frau scheint nachzusinnen:
„Schön so den Frühling zu beginnen."

Ich danke bissig für die Gaben:
„Der Frühling kann mich gerne haben!"

Frühlingsverführung

Sie war´s Alleinsein satt
und einen Einfall hat:
Auf einer Lichtung still im Wald,
wollt sie das ändern allzu bald.

Es war ihr fester Wille
mit ihm in der Idylle
gemeinsam einsam dort zu zweit
begründen die Gemeinsamkeit.

Ihm kam das nicht zu Sinnen,
er ahnte nichts vom Schlimmen.
Er dachte wohl ein Picknick fein
das wird ganz unverfänglich sein.

Die Decke auf der Wiesen,
auf der sie wollt´ genießen,
wie sie verführt und lustvoll macht
ihn mit des Körpers voller Pracht.

Sie öffnet leicht die Blusen.
Die Rundung ihres Busen
und auch der hoch gerutschte Rock
hofft sie, macht ihm zum heißen Bock.

Sie räkelt sich und streckte
sich hin, als ob sie schmeckte
die Küsse schon auf ihrem Leib
des heiß von ihm begehrten Weib.

Wie sie sich räkelt, windet,
dass er sich an sie bindet,
da stört in ihren Träumen schroff
ein Krabbeln sie im Kleiderstoff.

Sie schaut gleich auf erschrocken.
Die Picknicksachen locken,
statt ihn zu einer Schmuserei –
nur tausend Ameisen herbei.

Nun liegt in der Idylle
auf Decke in der Stille
für Ameisen ein Festmenü.

Ein Paar wurde aus beiden nie!

Frühlingsbalz

Das Balzen und der laue Wind
im Frühling sehr gefährlich sind,
weil über die Vernunft oft siegt,
wodurch man eine Schnupfen kriegt.

Denn oft ist es nur Lug und Trug,
die Sonne noch nicht warm genug,
wenn dort so in der Einsamkeit
man findet sich zur Zweisamkeit.

Denn will der Frühling musizieren
und Wundersames uns gebieren,
so ändert sich mit leisen Tönen
oft ein Spaziergang in ein Stöhnen.

Wenn in dem sanften Frühlingswind
die Lust über Verstand gewinnt
und Moos auf einer Lichtung dann
verführt das Weiblein und den Mann,
sich in des Frühlings erster Frische
so mancher Virus heimlich mische.

Man freut sich, wenn die Folgen man
mit Medizin bekämpfen kann.

Die 5. Jahreszeit

Der Fasching hart uns in der Hand:
Die Jecken* toben nun umher,
und sind ganz außer Rand und Band,
weil Hemmungen gibt es nicht sehr.

Mit Sekt und Wein und Schnaps im Bauch
da wird gebützt**, geschmust und mehr,
weil es zu Fasching ist so Brauch
und weiter denkt man dann nicht mehr.

Nur kurz währt leider das Vergnügen,
am Aschermittwoch ist ´s vorbei.
Dann muss der Alltag uns genügen
und keiner ist mehr frank und frei.

Und wenn der Kater ist verflogen,
und man im Kopf ist wieder klar,
kommen die Sorgen doch gezogen,
wie es vor Fasching so schon war.

Oft ist danach man nicht erfreut,
wie über die Stränge man geschlagen,
und manchen hat es sehr gereut
wenn er muss dann die Folgen tragen.

So kurz die 5. Jahreszeit
in der man fröhlich ausgelassen,
macht nachher sich die Reue breit
und man sein Handeln kann nicht fassen.

Dabei war man im Fasching nur,
mit Fröhlichkeit und Alkohol
ganz einfach kurz nur aus der Spur,
was rächt sich manchmal später wohl.

Man kämpft sich weiter durch das Jahr.
auch wenn die Sorgen sich vermehrt.
Doch nimmt man das schon nicht mehr wahr
beim nächsten Fasching unbeschwert.

Jecken = Narren

**gebützt = geküsst*

Fasenacht

So Anfang, Mitte Februar,
das ist für alle Narren klar,
wird Fasching so um 11 geweckt,
damit die Narren er ansteckt.

Vorbei die Herrschaft der Profanen*,
die sind nun Fastnachts Untertanen.

Weil kurz die fünfte Jahreszeit,
sind täglich sie danach bereit
zu tanzen, bützen** und zu lachen,
zu scherzen, albern, Unfug machen,
weil zwischen Weiberfasenacht
man´s nur bis Aschermittwoch macht.

Der Start ins närrisch, bunte Treiben
Möhnen*** und Hexen erst bestreiten
am frechen schmotzig Donnerstag,
an dem sich sicher wähnen mag
kein Mann, denn dessen Ego muss schwer leiden,
wenn sie den Schlips ihm schnell abschneiden.

Dann folgt in Hochburg und Provinzen
Prunksitzungen mit Volk und Prinzen,
Funkenmariechen, Büttenreden,
mit Sprüchen, witzig oder blöden,
mit viel Musik, Alaaf, Helau,
und Alkohol, bis man ist blau.

Am Rosenmontag dann – zum Schrecken,
auf Straßen nur noch Schelme, Jecken****,
im Narrenwurm, ganz dicht gesäumt,
wo dann die Stimmung richtig schäumt
und ausgelassen Rufe gellen
nach einer Dusche von Kamellen*****.

Am Aschermittwoch ist es um,
da schleichen bleiche Narren rum,
die übermüdet und verraucht,

179

den Witz für ´s ganze Jahr verbraucht,
mit Weh und Ach den Kater pflegen
und übern Alltag sich aufregen.

Doch wer sich nur maskiert mal traut,
dass über Stränge er mal haut,
und Spaß ansonsten nicht versteht,
zum Lachen in den Keller geht,
weil Witz, Humor ihm sonst zu harsch:

Dann Abgang nun – Narhallamarsch!

*Profaner = Alltäglicher \qquad ** bützen = küssen*
**** Möhne = mit Holzmasken verkleidete als alte Frau*
**** Jeck = Narr \qquad *****Kamellen = Bonbons*

Altweiberfastnacht

Altweiberfastnacht-Donnerstag,
den nur die Weiblichkeit wohl mag,
denn heute geht ´s den Männern schlecht
weil Frauen nehmen sich das Recht
mal über sie stark aufzutrumpfen,
wie sie, in Kneipen zu versumpfen,
mit Neckerei Küsschen verschenken
und dabei nicht an Morgen denken.

Als Herrschaftszeichen dann –schnipp, schnapp –
sie schneiden auch Krawatten ab
und fühlen sich erst richtig wohl,
wenn kurz das Männlichkeitssymbol.

Was Faschingshexen, Faschingsfrauen
sich außerdem noch heute trauen
und was sie tun, als nur zu küssen,
das woll´n wir Männer gar nicht wissen.

Dass man sie nicht erkennt gerade
sie ziehen los in Maskerade,
sowohl die Jungen wie die Alten
um ihre Herrschaft zu verwalten.

Nicht jeder Mann lässt sich verdrießen,
will auch die Narretei genießen
und hofft bei heißem Stimmungsfeuer
auch auf ein kleines Abenteuer.

Denn bald ist allen pudelwohl
bei Schunkelei und Alkohol,
bis Ausgelassenheit hoch schwappt
und er ein Mädel sich geschnappt.

Heut´ braucht man keine Rücksicht nehmen
auf anständiges „Sich-brav-benehmen“
und kommt sich näher und ganz nah
bei Weiberfastnacht Rumtata.

Drum mancher Mann gern aufgeputzt
für sich dabei die Chance nutzt,
wo Weiber ihren Unsinn machen,
die Männer necken und verlachen,
mit Küsschen das Verlangen schüren,
um sie vielleicht dann zu verführen?

Ja leider, das ist altbekannt:
setzt aus im Fasching der Verstand
und Ist vorbei vom Rausch der Kater
wird mancher unverhofft zum „Vater“.

Konfetti

Wenn Zeitungen nur noch was brächten
von Karnevalsprunksitzungsnächten
und nichts mehr, wo es sonst noch kriselt,
Konfetti aus der Kleidung rieselt
und jeder nur noch Unsinn macht,
      dann ist die Zeit der Fasenacht.

Wenn noch verkatert mancher brummt,
ein Schunkellied vor sich hin summt,
um Aspirin auch manchmal baten,
weil Schminke Spuren es verraten,
dass lang und heftig war die Nacht
      dann ist es wieder Fasenacht.

Die tolle Zeit, sich zu maskieren,
und so verkleidet ausprobieren,
was sonst man sich zu selten traut,
weil man beschwipst ist aufgetaut
und ungehemmt alles belacht,
      dann feiert man die Fasenacht.

      Zu meiner Sorge ich entdeckte,
      der Faschingsvirus wohl ansteckte
      auch meine Töchter. - Ungestüm
      zog ´s sie zur Faschingsparty hin,
      zu feiern und mit Freund und -innen
      beim Maskenball den Preis gewinnen.

      Als Vater gab ich zu bedenken:
      „Um 12 Uhr sollte es wohl enden",
      damit der Teufel „Alkohol"
      nicht meine beiden Töchter hol
      und auch verhindert, was sein könnte...
      Nur Tanzen ich den beiden gönnte!

      Ich habe mich auch nicht gestört
      an dem Protest und überhört:
      „Sie sei´n schon groß und außerdem
      auch andre würden spät erst geh 'n!"

So ich verkündet´ unverhohlen:
„Um 12 Uhr würd´ ich sie abholen!"

Pünktlich, so eine Viertelstunde
vor 12, kam ich zur Faschingsrunde.

Doch als ich eintrat zu dem Treiben,
wollt mir die Spucke fast wegbleiben:
Fast überall viel nackte Haut
von Mädchen, die sehr gut gebaut
und Jungen, die in den Kostümen
den „starken Mann" des meistens mimen.

Zum Rhythmus der Musikmaschine
tobte herum die Menschlawine
so dass ich nicht in dem Gewühl
von meinen Töchtern sah sehr viel.
Deshalb ich drängte durch die Massen,
doch keiner wollte mich durchlassen.

Wie ich noch blickte suchend rum,
ergriff mich einfach da kurzum
am Arm ´ne tanzende Blondine,
maskiert als freche Harlekine,
und zog mich mit auf ´s Tanzparkett.
Ich tanzte mit, denn sie war nett.

Ich gab mein Bestes, sprang mit rum,
bis die Musik um 12 war stumm,
weil nun wurd´ endlich aufgedeckt,
wer hinter welcher Maske steckt.

Sie nahm die Larve ab und lachte,
warum denn ich nicht auch mitmachte
und meint´, ich brauche mich nicht schämen
und könnt´ die Pappnase abnehmen.

Da schaute ich doch leicht pikiert,
denn ich war ehrlich
                    nicht maskiert!

„Ach, Kinder, macht doch nicht so n Krach!
Mein Kopf der schmerzt mit Weh und Ach
und schuld daran, ich glaube wohl,
war ´n bisschen auch der Alkohol.“

Kostümball

Wollt´ zum Kostümball mich verkleiden,
dass alle Männer es mir neiden,
wie dort die Hübschen, Jungen, Schönen
mich tierlieb nur allein verwöhnen.

Denn ein Gorilla stellt´ ich dar,
mit Affenkopf und schwarzem Haar,
so dass die Neugier wurd´ geweckt,
welch´ toller Mann im Fell wohl steckt.

Zwar waren Augen, Mund nur frei,
dass nur ein Röhrchen half dabei
mir Flüssigkeiten zuzuführen
von Wein, von Schnaps oder von Bieren.

Denn in dem Affenfellkostüme
- das gar prämiert wurd´ auf der Bühne -
da war es wirklich ziemlich heiß,
das mir in Strömen floss der Schweiß.

So musste ich mich stets erfrischen,
trank viel an Theken oder Tischen,
bekämpfte meinen Durst dort nur
wegen der hohen Temp´ratur.

Doch hat die Trinkart ihre Tücken
und ich ein paar Gedächtnislücken.
So unerklärlich - konnt ´s nicht fassen -
wie wurde ich dann ausgelassen...

Ich holte jede Frau zum Tanz
und wirbelt´ dort mit Eleganz,
sprang auch so wie ein Affe rum,
vor dem meist weiblich´ Publikum.

Nur auch mit dem Kostüm zu küssen,
das hab´ ich vorerst lassen müssen.

Doch dann um Zwölf, beim Demaskieren
da konnt´ ich alles dann riskieren,
weil ich am Kopf war frei danach.
Und nun ich holte alles nach:

Ich küsste hier und bützte nett,
fast jede Frau auf dem Parkett,
die ich zum Tanzen konnt´ verführen,
an mich gedrückt eng an mir zu spüren.

Da wurd´ mir heiß durch die Gefühle,
vielleicht war ´s auch nur das Gewühle,
und stetig trank ich weiter nun,
dass stieg der Alkoholkonsum,
denn ich braucht´ nun nicht mehr nur nippen
und konnt´ die Gläser richtig kippen.

> Zusammen hab ich ´s nicht gebracht,
> was noch passierte diese Nacht,
> doch irgendwann kam ich nach Hause,
> nach der so feuchtfröhlichen Sause.

> Als dort der Raum fing an zu schwanken,
> da hatt´ ich nur noch den Gedanken
> mich schnell aus dem Kostüme zu schälen,
> und mir den Schlafanzug auswählen.

Noch während das Konfetti rieselt´,
doch meine Frau herbei schon wieselt´.
Sie meint gleich: „Du brauchst nichts zu schaffen,
wenn heimkommst du mit solchem Affen.

Du bist so blau!

Doch wie man seht,
dir dies Kostüm nun bestens steht!"

Maskerade

Zu Fasenacht ist´s guter Brauch
sich hinter Masken zu verstecken.
Darum verkleidet man sich auch,
und ist nur schwerlich zu entdecken:
Egal ob Hexe, Harlekin,
als Tier oder Piratenbraut,
Chinese oder Negerin,
als Superheld und Astronaut.

Wird man so nicht sogleich erkannt,
braucht keiner auf sich aufzupassen.
Man konsumiert drum allerhand,
und kann wieder die „Sau rauslassen":
Scherzen, Albern oder Lachen,
Schäkern, Flirten oder Küssen,
alles hemmungslos mitmachen ,
ohne sorgen sich zu müssen.

In dem Saal vom Gasthaus Meier
trifft man sich zum Maskenball.
Und es kommen zu der Feier
Frauen her von überall.

An den tollen Tagen jährlich
sucht sich Mann gern Weibchen aus,
die, wenn kostümiert nur spärlich,
sind ein wahrer Augenschmaus.

Heiße Rhythmen dann beim Tanze
lassen schwingen Busen, Po.
Deshalb geht dahin auch Franze,
der - geschieden - lebt solo.

Will sich dort was Nettes suchen,
und es mit nach Hause locken
um vom Liebeleien Kuchen
abzukriegen auch ´nen Brocken.

Und ein Helm verbirgt die Glatze,
und ein Harnisch seinen Bauch,
ein Visier die schiefe Fratze,
wie es ist als Ritter Brauch.

So er find´t ´ne schöne Schlanke,
bauchfrei und auch sonst adrett,
die er greift mit seiner Pranke
und zieht sie aufs Tanzparkett.

Dort er scheppert nach den Tönen.
Sie umgarnt ihn schwebend leicht,
dass mit Sehnsucht nach der Schönen
die Begierde ihn beschleicht.

Schmusen ist mit Helm nicht möglich,
doch er grabscht, und nicht zu knapp.
Was er fühlt ist sehr annehmlich,
und sie weist ihn auch nicht ab.

Heiß ist ihm dabei geworden
- Kühle schafft da nur ein Bier -
und die Lust will überborden...

Doch da wird schon demaskiert.

Als die Schöne lupft die Larve
seine Ex-Frau zu ihm spricht,
säuselt wie ´ne Äolsharfe

„Hast du denn erkannt mich nicht?

Gleich hab´ ich es schon gewusst,
an der Art und dem Gehabe
und der heiße Fleischeslust.
Da hilft keine Maskerade!

Franze - bist halt gleich geblieben,
wie du warst in vielen Jahren.
Glaubst dass alle Frau 'n dich lieben
und könn´st Jugend dir bewahren.

Da jedoch heut´ Fasenacht,
wo man gern ´ne Dummheit macht
nehm´ ich es nicht so genau,
war ich doch mal deine Frau!"

Da Franze ist total perplex,...
doch besser sie - als gar kein Sex.

Zum Faschingsball

Endlich wird es angekündigt:
Es gibt wieder Maskenball!
Der, verwegen und sehr sündig,
lockt dorthin die Menschen all.

Eng ist es bei Ölsardinens
in der Dose Dunkelheit.
Doch noch enger ist Paulinens
neugekauftes Abendkleid.

Oben eng und noch was enger,
was mehr zeigt, als es bedeckt,
dass der Männer Blickefänger
alle Frauen schier erschreckt.

Denn es hebt hervor die Brüste,
herrlich frei das Dekolleté,
dass man meint, zu atmen müsste,
kaum erlauben das Bustier.

Wie da alles eingezwängt,
- halb nur drüber, straff darunter -
war, wenn man es recht bedenkt,
handwerklich ein Schneider-Wunder.

Und dass standhielt es den Formen
- jedenfalls gewisse Zeit -
sprach von einer ganz enormen
guten, deutschen Wertarbeit.

Unter fiel es weit in Bahnen
- Beine bis zum Fuß bedeckt -
dass man konnte nur erahnen
was darunter sich versteckt.

Weil betont so die Figur
fasst Paulinen den Entschluss,
dass dies Kleidungsstück ihr nur
zum Verkleiden reichen muss.

Denn auch sie will hin zum Balle,
um zu tanzen und zu küssen
- bei der Männer Auswahl - alle
und nicht lange warten müssen.

Nur ´ne Larve vorm Gesichte,
dass nicht jeder gleich erkennt
wer mit dieser Reizgeschichte
auf dem Faschingsball rumrennt.

Um sie scharen sich die Männer,
schauen scharf wie heiße Katzen,
denn sie sagen sich als Kenner:
„Einmal muss das Ding ja platzen!"

Nur die Frauen es ihr neiden,
weil die Eifersucht sie plagt,
wenn sich Männer an ihr weiden
und ein jeder ihr nachgejagt.

Doch Pauline nimmt ´s gelassen,
freut sich herrlich an dem Glück
Mann und Frauen staunen lassen
über ihr Bekleidungsstück.

Nach dem Sekt, beim Defilieren
plötzlich ist ein Schluckauf da,
der jedoch beim Anprobieren
nicht mit eingerechnet war.

Und mit jedem Schluckauf-Schlückchen
platzt da - quasi als Protest -

Naht um Naht jeweils ein Stückchen,
die bisher in Treue fest.

Was gehalten eine Weile,
rutscht nun nach und nach - wie dumm -
immer tiefer eine Weile...,
was sich spricht im Saale rum.

Zwar versucht noch die Pauline
etwas Stoff am Platz zu halten
doch auf Grund der Krinoline
die Physik kann trotzdem walten.

Denn dann auf dem Tanzparkette
- Schwupps! - da ist es nun soweit,
als sie dreht ´ne Pirouette,
dass sie steht im Unterkleid.

Das geht ihr nicht mal zum Knie
- hübsch mit Spitze weiß gesäumt -
und es zeigt nun die Partie,
von der jeder Mann gern träumt.

Nur ihr spitzer Schrei verriet,
als ihr Kleid sich aufgelöst
dass sie was in Schreck geriet...
Doch sie war nicht ganz entblößt.

Drum Pauline meint´ gelassen;
„Hier bin ich ja nicht bekannt!"
Nur die Frau 'n können ´s nicht fassen,
„schamlos" wurde sie genannt.

Allerdings kam schnell in Mode,
Kleidchen kurz nur bis zum Knie,
und man nannte die Periode
nach Paulinens „**Dernier Cri**"*.

Dernier Cri = französisch „Letzter Schrei"

Karnevalsumzug

Humba, humba, tätereh,
dröhnt es wummernd in den Ohren,
wenn den Zug ich kommen seh´
am Rande stehend und verfroren.

Doch ich habe keine Wahl,
weil den Kindern ich´s versprochen.
Einmal ist nur Karneval
in den Fastnachtswochen.

Musste mir ´ne Kapp aufsetzen,
Pappnase und Schminke auch,
ein Kostüm aus bunten Fetzen,
weil so ist es halt der Brauch.

Frierend warteten wir seit Stunden,
meine Kinder und auch ich,
bis der Umzug macht die Runden,
mit Gestalten sonderlich:

Trotz der Kälte knapp bekleidet
tanzen Mädchen um mich rum,
grell geschminkt und angekreidet,
wärmen sich mit Schnaps und Rum.

In ganz maskulin´ Kostümen
Burschen, die schon etwas blau,
wollen männlich sich so rühmen,
wenn sie lassen raus die Sau.

Männer so in meinem Alter
sieht man selten ganz allein,
spielen meist den Unterhalter
für die Kinder am Randstein.

Endlich kommt der Zug gekrochen
jeder schreit nun laut „Helau"
und die Stimmung will aufkochen,
bei den Wagen Eigenbau.

Endlich fliegen die Kamellen,
Gutsel* und Konfetti hier.
Sammle flink und auf die Schnellen
Süßes in Bonbonpapier.

Und es ist ein Stoßen, Schieben,
Nahkampf um das letzte Stück,
doch ich tu es für die Lieben,
denen scheint ´s als größtes Glück.

Süßes in die große Tüte,
in den Mund und in die Taschen,
manche nutzen Schirm und Hüte,
dass die Kinder können naschen.

Weiter ist der Zug gekrochen
wieder schreit man laut „Helau".
Ich bin kalt bis auf die Knochen,
doch es endet nicht die Schau.

Hat denn keiner ein Erbarmen,
mit den Vätern, die hier steh´n?
Die wär´n lieber jetzt im Warmen
statt den Rummel hier zu seh´n.

Endlich von der Prinzengarde
kommt ein Tanzmariechen her
bring mir, was sie gut verwahrte,
einen Kuss und Schnaps daher.

Noch ein Schnaps und noch ein Küsschen,
langsam wird mir wieder warm,
noch ein paar von den Genüsschen
und ich halte sie im Arm.

Meine Kinder schau´n verstört! –

Erst nach vielen Leckerbissen
man mir in die Hand dann schwört:
„Mutter muss davon nichts wissen!"

War ja doch schön - ohne Frau.
Bis zum nächsten Jahr - Helau!

Gutsel = Bonbon

Gutseljagd

Es ist so schön zu Fasenacht,
dass man auch einen Umzug macht.

Auch ich kann es dann gar nicht lassen
und mische mich unter die Massen,
die an dem Rand die Straßen säumen.

Nichts Schön´res kann ich mir erträumen.

Denn neben Frohsinn, Freude, Spaß
gibt es beim Umzug noch etwas,
was von den Wagen wird gestreut,
damit die Narrenschaft sich freut:

Der heißgeliebte Bonbonregen –
vor allem auch der Kinder wegen.

Drum stell ich mich gleich vorn am Rande
nah zu der Kinderrasselbande.
Auch wenn ich eigentlich allein,
könnt´ eins davon mein Enkel sein.

So keiner weiß, ob ich solange
nicht für mein Kind die Gutsel fange,
dass niemand meldet an Protest
und man mich ruhig sammeln lässt.

Vom Umzugswagen kann man sehen
wo Väter mit den Kinder stehen,
die ihre Sprösslinge begleiten:
Dort gibt´s die meisten Süßigkeiten!

´nen Schirm hab´ ich auch mitgebracht
auch wenn die Sonne heute lacht,
denn er hilft mir, statt sonst bei Regen,
besonders gut beim Gutsel-Segen.

Beim Umzug ist das nicht verkehrt,
weil, nutzt man ihn dann umgekehrt
so hochgehalten umgedreht,
viel rein vom Gutsel-Schauer geht.

Und jedes Mal und immer wieder
prasseln die Gutsel auf uns nieder.

Derweil die Kinder diese naschen,
füll´ ich mir voll all´ meine Taschen
und bin vor Freude ganz verzückt,
wenn mir so viel zu Sammeln glückt.

Ich brauch´ nun nicht zum Kiosk laufen,
um Süßigkeiten mir zu kaufen,
und so mir für ein ganzes Jahr
die Kosten für die Gutsel spar.

Ich habe auch kein schlecht´ Gewissen
beim Lutschen dieser Leckerbissen
und kenn´ mit Kindern kein Erbarmen...

Die Zahnärzte ja ständig warnen
dass Süßes für den Kindermund
ist schädlich und sehr ungesund.

Uns Alte kümmert nicht so was.
Wir stell´n die Zähne nachts ins Glas

Nasser Rosenmontag

Beim Umzug weht der Wind sehr schnelle,
mischt Regen unter die Kamelle.
Doch weil den Kindern ich ´s versprochen
bin ich mit Schirm doch aufgebrochen.

Nun steh´ am Rand ich in der Menge,
kann öffnen ihn nicht im Gedränge,
dass ich bin nass bald und auch klamm.

Doch hilft der Schirm beim Sammeln dann.

Zwar werde ich so pitschenass
doch wegen meiner Kinder Spaß,
die mich bestürmen mit den Bitten,
hab´ ich im nassen Wind gelitten.

Denn ihre Freude ist nun groß:
Man hält ihn in die Höhe bloß
und kann mehr fangen, zum Entzücken,
als wenn sie sich zum Sammeln bücken.

Der Narrenzug zieht mit Tamtam,
am schlotternd´ Publikum entlang.

Nur oben auf den Umzugswagen
die Narren sparsam Kleidung tragen.
In den Kostümen - sapperlot -
wär´ bei dem Wetter ich schon tot.

Vor allem Mädchen, knackig schön,
die lassen vieles von sich seh´n,
und zeigen sommerähnlich Haut,
egal was sich zusammenbraut.

Mich friert ´s alleine schon beim Schauen,
auf diese jungen, hübschen Frauen.

Zum Glück hab´ ich Medizinei,
in einem Flachmann mit dabei.
So wärmt der Schnaps mir oft den Bauch,
und Schunkeln hilft des meistens auch.

Da kommt ein weit´rer netter Schwarm,
die halten sich mit Tanzen warm,
denn was die Tanzmariechen tragen
kann man sonst nur im Sommer wagen:

Die sind, mit kurzem Rock und Saum,
sehr freizügig doch anzuschau´n
und ihre Uniformen, schick,
gewähren mir auch einen Blick
in ihre ausgeschnitt´nen Blusen
und auf den Ansatz ihrer Busen.

Wenn´s Tanzmariechen mich noch küsste,
ich ganz bestimmt nicht frieren müsste:
Wärmt mir das Herz und Spaß auch ´s macht,
denn einmal nur ist Fasenacht.

Ich könnt´ sie bützen, schmusen, drücken,
heiß wär mir bald schon vor Entzücken...

Doch selbst, wenn sie ´s würd ´ mir gewähren –
wie soll den Kindern ich ´s erklären?

Schall und Rauch

„Ein Bierchen heute, wirklich bloß",
so ich zog ich mit Freund Peter los.

Als in die Kneipe wir reinkamen,
war die gefüllt mit lauter Damen:
Die Frauen hatten heut´ die Macht,
denn es war Weiberfasenacht.

Das hatten beide wir vergessen,
weil auf ein Bier wir so versessen.
Jedoch schnell waren wir vertraut,
mit jeweils einer schönen Braut.

Statt ein Bier wurd ´s ein Trinkgelage,
bis nach dem Namen kam die Frage.
Der Peter stellt sich deshalb vor,
als „Theo, besser Theodor."

Ich schaute zu ihm, erstaunt,
dass leise er zu mir her raunt´:

„Man nie den eignen Namen nennt,
damit keine dich später kennt,
falls du im Laufe dieser Nacht
vielleicht ´ne Dummheit hast gemacht."

Ich mir den Rat zu Herzen nahm
und so zum neuen Namen kam.
Nicht weil ich Dummheit machte auch,
doch Namen sind nur Schall und Rauch.

1. April

Früh am Kalender kann ich lesen,
gestern ist März zu End´ gewesen
und heute ist erster April,
in den mich man wohl schicken will!

So glaub ich keinem, was der sage,
an dem verflixten Apriltage,
und selbst so mancher netter Gruß
ja heut´ nicht ernstgemeint sein muss.

Dass ich im Lotto hab gewonnen,
ist dann auch schnell wieder zerronnen,
denn auf dem Los in Farben schrill
stand wirklich drauf: „April, April!"

Auch konnt´ die Bank ich nicht erweichen,
mir meinen Dispo zu begleichen,
denn auf dem Auszug, mit Unbill,
gedruckt ist leider nur: „April, April!"

Beim Tanken konnte ich es lesen,
wie billig das Benzin gewesen,
dass ich den Tank gleich voll mir füll´,
doch an der Kasse heißt ´s: „April, April!"

Soll „Sonderangeboten" geben heute,
drum stellt´ auch ich mich zu der Meute
an langer Schlange hinten an,
„April, April" heißt ´s, als ich dran.

Da hält mich an die Polizei,
weil „ich zu schnell gewesen sei".
Grad will dem Ärger Luft ich machen,
als mit „April!" sie mich auslachen.

Nun, dann kann ich mich doch auch trauen
selbst auf die Pauke mal zu hauen,
denn wenn was falsch auch seien will,
kann rufen ich: „April, April!"

Gleich sag´ zu meiner Frau ich heut´:
„Ich mache alle Hausarbeit."
Darauf sie wartet lange still...
Wie schön ist doch „April, April".

Strichmännchen mal ich auf´s Papier
als tät ich arbeiten auch hier
und will mein Chef die Arbeit blicken
in den „April" kann ich ihn schicken.

Doch hoff´ ich nun, zum Tagesende
wenn den Kalender ich gleich wende,
dass niemand mich mehr ärgern mag,
denn Morgen ist normal der Tag.

Wetterkapriolen

Das Wetter will sich täglich ändern,
mal ist es sonnig, meistens nass,
es ist ein ewiges Kalendern
und macht so langsam nicht mehr Spaß.

Mal ist es kalt, mal ist es heiß,
mal steht die Luft, mal weht der Wind;
der Wetterfrosch bald nicht mehr weiß
ob richtig die Prognosen sind.

Wie´s Wetter wird, wir nicht erfahren:
Mal ist der Himmel herrlich blau,
dann kommen wieder Wolkenscharen
und machen alles wieder grau.

Kaum will die Sonne etwas scheinen,
da überrascht ein Regenguss,
denn auch der Himmel muss schon weinen,
weil er mit Allem rechnen muss.

Ob Regen, gar mit Schnee, mit Eis,
ob frühlingshaft, ob kühl es nur,
wir kriegen täglich den Beweis
wie ständig irrt sich die Natur.

Die Blumen aus dem Boden sprießen
und... frieren sich die Blüten ab;
kaum wir die Sonne was genießen
braucht Wintermantel man und Kapp´.

An Bäumen Blätter schon ausschlagen,
man freut sich auf das Frühlingsgrün,
doch wer sich aus dem Haus will wagen
nimmt Warmes noch zum Anzuzieh´n.

Wenn sich der Frühling könnt´ entschließen
den Winter endlich auszutreiben,
dann könnten wir es auch genießen
im Freien länger drauß´ zu bleiben.

> Und endlich gäb´s dann auch im Städtchen
> zu seh´n mehr als vermummte Mädchen.

Schmetterlinge

Ein Farbenklecks in lauen Lüften,
der Schmetterling im Sonnenschein,
so gaukelt er in Frühlingsdüften
und taucht in jede Blüte ein.

Im rosa-weißen Blütenmeer
von Sträuchern und von Bäumen
schlägt Kapriolen eilends er,
um keine zu versäumen.

Ein zweiter sich dazu gesellt
und beide guter Dinge.
Wenn er ein rechter Frauenheld
gibt´s bald viel Engerlinge.

Frage

Haben die Schmetterlinge dann vielleicht auch,
wenn sie verliebt sind, solche im Bauch?

Schmetterlingsschönheit

Ein wunderschöner Schmetterling,
von Blüten zu der Blüte ging,
wo er vom süßen Nektar naschte,
als ihn ein Köcher überraschte.

Nun ist vorbei sein rastlos` Hasten.

Als Rarität zählt er zum Adel
und ruht im gläsern Sammlerkasten
still aufgespießt auf einer Nadel.

Ostern

Es naht nun bald das Osterfest.

Das Huhn verweigert aus Protest
uns weiter Eier noch zu legen,
der vielen Osterhasen wegen:

Es heißt, dass die die Ostereier
verstecken zu der Osterfeier.

Wenn darauf halt der Mensch vertraut
legt ´s Huhn sich auf die faule Haut,
verweigert sich der Hasen wegen.

Doch da die keine Eier legen,
bleibt leer das hübsche Osternest,
kein Osterei gibt es zum Fest,
was Kinder gerne suchen, essen.

Das hat das Huhn dabei vergessen.

So eierlos bleibt es im Lenz,
bewirkt durch Neid auf Konkurrenz.

Ostereierkauf

Ich musste heut´ zum Supermarkt.
Da war der Andrang super stark:
Durch Gänge sah man Wagen schieben
sogar auch Osterhasen sich rumtrieben.

Die stritten sich dann laut verbal
bei Hühnereiern ganz brutal,
um von Kartons den letzten Rest,
ergattern noch zum Osterfest.

Bis ich dran war, zum Haare raufen.
kein einzig Ei war mehr zu kaufen.
Die Theke war da restlos leer
und Nachschub gab es auch nicht mehr.

Was ich verstecke nun zum Fest
denn nur in meinem Osternest?

Selbst bei Schokladeneiertüten,
konnt´ man die Kaufwut nicht verhüten.
Auch hier war leer fast das Regal
dass ich den Rest nahm ohne Wahl.

Wollt´ an der Kasse mich beklagen:
Da hoppelten mit Einkaufswagen
die Osterhasen in den Schlangen,
in denen Eierkartons prangen.

> Glatt leegekauft ist jedes Ei.
> Verflucht sei doch die Hamsterei.

Das Ei

Ein großes „E" fand in der Früh´
am Frühstückstisch ein kleines „I".
Es sprach zu sich: „Ich bin so frei,
ab nun bin ich ein Frühstücksei."

Hätt´ es bemerkt, dass Ostern sei,
wär es sogar ein „Osterei":

Osterweiß

Man merkt, dass Schoko-Osterhasen
geschmolz´ne Weihnachtsmänner waren.
Wie sonst ist es denn zu erklären,
dass noch im März will Winter währen
und weiß das Osterfest erscheint
so dass der Osterhase meint
wenn hoppelt er zum Tannenbaum
er sei ein Rest vom Weihnachtstraum.

Doch im Kalender Ostern steht,
auch wenn das Grün ist schneeverweht,
dass nur mit Fantasie und List
dem Wetter beizukommen ist:

Dann kriegt der Schneemann Hasenohren,
ist auch sein Rübchen steif gefroren,
das ihn als Hasennase ziert,
wenn weiter es so heftig friert.
Mit Schneeball hinten unten dran
er nun als Häschen gelten kann.

Nur an dem Mund sollte man sparen,
wo Kohlenstücke sonst sich paaren,
weil das im Ofen wird verbrannt
und Kälte aus dem Haus verbannt.
Auch braucht er ja, als Hoppel-Gutchen,
nur noch dafür ein kleines Schnutchen.

Der Schneemann zu der Osterfeier
kriegt auch ´ne Kiepe bunte Eier.
Jedoch bedenkt bei Frost es wohl,
dass innendrin sie sind nur hohl.
denn andere dann aufzutauen,
wird sich zum Essen niemand trauen.

Des Osterhasen Osternest,
im Schnee gleich Spuren hinterlässt
wenn der im Garten sie versteckt.
Doch wird das Nest so leicht entdeckt
und ´s wird den Kinder auch gefallen,
dass keins sie überseh´n von allen.

So hat man Freude unverhohlen,
wenn macht das Wetter Kapriolen.

Osterschnee

Statt Frühlingsgrün zur Osterzeit
ist weiß vor Schnee es weit und breit.
Der Osterhas´ im Kalten zittert
und er kein bisschen Frühling wittert.

Er denkt, statt seiner bunten Gaben
da will der Mensch was Warmes haben
und so erfüllt er deren Wunsch
mit einem heißen Eierpunsch.

Osterei

Unterm Baum in grünen Grase
sitzt ein kleiner Osterhase!
Putzt den Bart und spitzt das Ohr,
macht ein Männchen, guckt hervor,
springt dann fort mit einem Satz,
und ein kleiner frecher Spatz
schaut jetzt nach, was dort denn sei...

Und was ist´s? Ein Osterei.

Osternester

Bevor der Ostermorgen kommt,
den meisten Eltern es auch frommt,
dass an dem Tag ihr liebes Kind
bestimmt ein Osternest auch find´t.

Denn jedes Kind liebt Nascherei
vor allem im Schok´ladenei,
das schmeckt ein jedem herrlich fein,
sei es nun groß oder auch klein.

Zuerst muss Eier ich erwerben,
um diese bunt noch einzufärben,
denn die, als guter alter Brauch,
gehör´n zum Osterfest doch auch.

Die Eier werden einsortiert,
in grüner Holzwolle drapiert,
um sie dann in geheimsten Ecken
zum Ostertag gut zu verstecken.

Denn dieses Suchen dann im Garten
kann morgens kaum ein Kind erwarten,
will gleich nach Butterbrot und Kuchen
nach bunten Osternestern suchen.

Wird das Ergebnis dann gezählt
merk ich, dass doch so manches fehlt,
und dann ist die Verzweiflung groß.
Wo hab ich es versteckt denn bloß?

Ich klappre ab fast jedes Eck,
das ich für gut hielt als Versteck,
doch war wohl manches so geheim,
dass nicht mal mir fällt es noch ein.

Erst später dann, beim Rasenmähen,
konnt´ ich das letzte erst erspähen.

    Drum leg die gelbgefärbten auch
    ich nie mehr zum Forsythien Strauch.

Hasenplage

Alle wissen, jetzt im Lenz
kriegen Hühner Konkurrenz,
wenn die Hasen weit und breit
mühen sich zur Osterzeit.

Osterhasen Eier legen,
um den alten Brauch zu pflegen.

Auch der Malermeister stöhnt,
weil er mehr für Farbe löhnt,
wenn die Hasen Eier färben,
um für Ostern so zu werben.

Osterei in großer Fülle
produziert mit bunter Hülle.

Auch dem Bauer Stroh tut fehlen,
das die Hasen emsig stehlen,
weil ein Ostereiernest
wird erst damit auch stoßfest.

Grünes Stroh im Osternest
schützt die Eier bis zum Fest.

Erste frische Frühlingsblumen
zählen bald zu den posthumen,
bis ein Hase hat entdeckt,
wo die Nester er versteckt.

Kinderfüße tun den Rest,
wenn sie suchen nach dem Nest.

Selbst Spazierngeh´n führt zu Frust,
ist zu Ostern keine Lust:
Wo man hintritt, es uns schüttelt,
überall liegt Hasenküttel.

Wenn nur Ostern wär´ vorbei
und die Hasenhoppelei.

Eierdiebe

Es ist 'ne kalte Frühlingsnacht
in der still einsam einer wacht:
Mit seiner Flinte liegt der Bauer
vorm Hühnerstall dort auf der Lauer.

Schon Nächte vorher ein Gegacker
störte beim Schlafen ihn ganz wacker,
so dass er viel zu früh geweckt,
weil was die Hühner aufgeschreckt.

Der Bauer dacht': Es ist vielleicht
ein Fuchst der um den Stall rum schleicht!
Doch morgens, als die Schar er zählte,
kein einzig' Huhn bei ihnen fehlte.

Da er liebt Eier täglich frisch
stellt fest er dann am Frühstückstisch,
dass heute wohl die Eier Zahl
noch kleiner war als letztes Mal:
Schon tags zuvor musst' er sich fügen
und mit nur zweien sich begnügen.

Nun will er bei der Tat, der frischen,
den Eierdieb endlich erwischen
und späht hinaus ins dunkle Dunkel,
das nur erhellt Sternengefunkel.

Dann irgendwie es ihm doch deuchtet,
dass irgendwas im Dunkeln leuchtet:
Erst ein, dann zwei und schließlich vier
so weiße Bälle hüpfen hier.

Als schließlich blass der Mond erscheint
die Ahnung dann in ihm aufkeimt:
Was da hüpft über Ackerkrumen,
das sind vom Hasen doch die „Blumen",
wie deren Stummelschwanz der nennt,
wer sich bei Tieren recht auskennt!

Als Erstes sie verschwinden alle
durch 's lose Brett am Hühnerstalle,

um dann mit Eiern in den Hippen
zum Wiesenrand zurückzutippen.

So stehlen sie ihm Ei auf Ei,
im Hin und Her der Hoppelei,
und stören sich in ihrem Tun
nicht mal, wenn gackert auch ein Huhn.

Dem Bauern fehlt´s an Tieresliebe
beim Anblick dieser Eierdiebe,
hat Rache pur nur noch im Sinn
und schleicht zum losen Brette hin.

Er wartet dort an dieser Lücke
auf alle Hasen voller Tücke.
Die ersten drei sind klein, gewitzt,
ihm Haken schlagend weggeblitzt,
doch – Schwupps – den vierten er erwischt.

„Du wirst zum Essen aufgetischt",
so spricht der Bauer voller Wut,
„als Braten tust du mir recht gut!
Zu Ostern mach ich mit Entzücken
aus dir´nen leck´ren Hasenrücken!"

Verzweifelt rümpft der Osterhase
die kleine, rosa Mümmelnase:
„Wenn ich soll für dein Essen sterben,
wer soll denn dann die Eier färben,
wer sie verstecken zum Vernaschen,
wer Kinder Ostern überraschen?

Vor allem die von heute Nacht,
sind deinen Kindern zugedacht!
Und außerdem - für dich allein -
leg zehn noch mit Likör ich rein."

So was der Bauer kann versteh´n,
und lässt den Osterhasen geh ‘n,
weil er sich freut auf´s Osternest.

Nur´s lose Brett nagelt er fest!

Ei-er-ei

Ein großes „E" fand in der Früh´
am Frühstückstisch ein kleines „i".
Es sprach zu sich: „Ich bin so frei,
ab nun bin ich ein Frühstücks-Ei."

„Wenn´s so ist", meint das Witzel-Ei,
„hol´ ich noch manches ´Ei` herbei".
Schnell ihm vergeht der Spaß dabei,
weil sich nun meldet jedes Ei:

Der Osterhase hüpft vorbei
versteckt was bei dem Walach-Ei
und Kinder mit dem Sucher-Ei
sind schon seit morgens früh dabei.

Sie lieben dieses Nascher-Ei,
was ist zu Ostern stets dabei,
wenn nicht der Eltern Litan-Ei
die Bauchschmerzen redet herbei.

"Volkstümel-Ei", sagt ´s Frömmel-Ei
"verdirbt das Fest ganz zweifelsfrei.
Was ist denn mit dem Beter-Ei,
wo Ostern doch ein Kirchfest sei."

Von Ostern und Kirchtümel-Ei
hält gar nichts mehr das Ketzer-Ei.
Erbost predigt das Pfarrer-Ei:
"Das Läster-Ei des Sakrist-Ei".

„Seid froh und feiert beiderlei
sagt Schmunzel-Ei zum Zanker-Ei.
"Mit Festschmaus, Wein des Keller-Ei!"
mampft fett dazu das Völler-Ei.

Ob nicht das ganze Schreierei-Ei
mit Straf´ bedroht oder straffrei,
macht wichtig sich das Kanzel-Ei
mit Rechtsfragen, Juristerei.

Das Schimpfer-Ei sei einerlei,
beschwichtigt sie das Allerl-Ei:
Viel wichtiger sei doch dabei,
dass Frühling kommt für´s Liebel-Ei.

„Mit hübschen Mädchen auch dabei",
wünscht sich sofort das Tändel-Ei,
„beginnend mit dem Knutscher-Ei
und endend dann als Nacked-Ei...!"

Da stöhnt laut auf das Mecker-Ei
„Wär´ nur das Dichter-Ei vorbei!
Sechs-hundert-fuffzig Endung „Ei",
verführen zu dem Reimer-Ei.
Wahrscheinlich gibt´s noch Mancherl-Ei,
was selbst für Eierfreunde zu viel sei!"

Der Kuckuck blinzelt kurz vorbei,
legt auch noch eben schnell ein Ei,
denn manch´ Gemüter sie bewegten -
die Eier - oft die ungelegten.

Kuckucksei

Es schreit der Kuckuck aus dem Wald:
„Nach dem April der Mai kommt bald!
Selbst wenn das Wetter schlecht auch bliebe,
bringt uns der Lenz endlich die Liebe."

Kaum scheint der Sonne warmer Strahl,
dann lockert sich auch die Moral,
die dann auf frisch ergrünten Wiesen
verliebte Pärchen still genießen.

Im fernen Eckchen der Natur
wird man gestört ganz selten nur
und weil zu zweit allein man ist
sich schnell im Sinnesrausch vergisst,

Der Kuckuck ist das schon gewohnt
der in ´nem fremden Neste thront.

Er denkt sich längst nichts mehr dabei
und legt hinein ein Kuckucksei.

Nun hofft der Stenz, im Monat Mai
bleibt dies das einzig Kuckucksei.

Komm lieber Mai

Komm lieber Mai und mache
mit Sonne Tage hell,
und Liebelei erwache
im Lebenskarussell.

Bei Wärme lassen Mädchen
die Mäntel nun im Schrank
und überall im Städtchen
sieht wieder Haut man blank.

In Röcken statt in Hosen,
Blusen mit Dekolleté
die Sinne uns liebkosen
sie bei dem Defilee.

Auch steigen die Hormone
für Herzen, Kopf und Bauch
und Liebespheromone
die duften kräftig auch.

Und sind´s auch nur die Triebe,
die rauschig alle machen,
wir träumen von der Liebe
mit ihren schönen Sachen.

Wir blicken hin verstohlen
zum Busen und zum Po,
vergessen´s Atemholen
und unsern Status quo.

Komm lieber Mai und schenke
uns die Erinnerung
und dass man gern dran denke,
als wir mal waren jung.

Nasser Mai

Nun ist es Mai geworden, der Sommer kann beginnen!
Doch von den Fensterscheiben die Tropfen abwärts rinnen.
Zwar ist es etwas wärmer, wenn strömend fällt der Regen,
doch lediglich für Bauern ist dieses wohl ein Segen.

Zum Horizont und Himmel geht suchend unser Blick,
ob nicht ein Schimmer Blaues verspricht uns Sonnenglück.
Den einzig schwachen Trost, den uns der Mai verspricht:
Die Pflanzen grünen kräftig und länger bleibt das Licht.

So manche Sturmesböe die Wolken vor sich treibt,
so dass auf trockne Tage die Hoffnung uns noch bleibt.
Und scheint doch mal die Sonne, nur kurz an einem Tag,
hofft man, nun wird es endlich so wie man´s gerne mag.

Mit Regenschirm gewappnet traut man sich vor die Tür,
zum fröhlichen Flanieren steht nicht der Sinn dafür.
Auch kann man nicht im Freien schon Feiern oder Tanzen
und muss für solche Sachen im Saale sich verschanzen.

Doch für ein fröhlich´ Feiern und ausgelassen sein
braucht´s eigentlich nur Freunde bei dem Zusammensein.
So kann des Maien Wetter uns wirklich nicht verdrießen,
wenn wir für uns im Herzen den Sonnenschein beschließen.

Wonnemonat

Im warmen Wonnemonat Mai
da ist mein Schatz gerad´ dabei
mir liebevoll im Haar zu wühlen, -
    am Samstag... vor den Fußballspielen.

Sich mir die Stirn vor Sorge kräuselt,
als zärtlich sie ins Ohr mir säuselt:
„Du tät´st mir sicher den Gefallen
nach diesen kalten Tagen allen
- so ein, zwei Stündchen wär´n es nur -
dass wir besuchen die Natur.“

An Widerstand ist nicht zu denken,
ein „Aber...“ kann ich mir gleich schenken.

Weil ich nun wirklich mitgeh´n muss.
gibt sie mir dankbar einen Kuss,
stürzt gleich zufrieden froh zur Küche
aus der bald zieh´n leck´re Gerüche,
befüllt den Picknickkorb zum Naschen,
holt roter Wein sowie Sektflaschen,
´ne große Decke und Besteck.
    Dann fährt sie mit mir einfach weg.

Wir kommen irgendwo mal an
und laufen über Wiesen dann,
auf den ich Frühlingsblumen seh´,
    da mir tun schon die Füße weh.

„Nun ist es wirklich nicht mehr weit!“
Mein Schatz springt rum im leichten Kleid
zum Waldesrand, der dort beginnt
    und Schweiß mir von der Stirne rinnt.

„Ist es nicht schön in der Natur,
bei Sonnenschein und Stille nur,
mit Picknick wie in alten Tagen!?“
    Ja klar, denn ich muss alles tragen.

Die Sonne sprenkelt Licht im Wald
den endlich wir erreichen bald.
Dann wird es doch noch wieder helle,
an der von ihr gesuchte Stelle.
Mit zartem Grün an Birkenbäumen
die eine Lichtung leicht umzäunen
kann sie ein Bett aus Moos entdecken.
      Ich frag´ mich, ob es gibt schon Zecken.

Am Rande auch ein Bächlein munter,
springt über glatte Steine runter.
Sie jauchzt vor wahrem Glücksentzücken
      Mich stechen schon die ersten Mücken.
      Auch stören mich die Gräserpollen.
      Was kann sie hier nur von mir wollen?

Die Decke, die wird ausgebreitet
und alles nett drauf zubereitet.
„Hier können wir nun beide ruh´n,
nur du und ich... alleine nun!
Weil doch der Wonnemonat Mai,
dafür genau geeignet sei.“
      Was will sie eigentlich von mir?
      Mir fehlt mein Fernseh´n und mein Bier.

Bald perlt in Gläsern kühler Sekt,
der prickelnd ihr Gefühle weckt.
Sie lupft das Kleid, zeigt etwas Busen,
lehnt sich an mich und will noch schmusen.
„Weiß du noch, was am Plätzchen hier
oft früher taten meistens wir?“
      Ich ihre Frage nicht begreif´.
      Im Fernseh´n läuft grad „Fußball live“.

Es ist schön warm, in laue Lüfte
vermischen sich die Blütendüfte.
Sie schwärmt von der Romantik pur
an diesem Fleckchen der Natur
und haucht mir zu: „wie schön... die Grillen.“
      Ich rieche nichts... beim besten Willen.

Zum Glück, ein Jäger und Geselle,
beenden unser Picknick schnelle.
Die lud ich ein, zu deren Wonne,
dass schnell ich heim zum Fußball komme
und als die Flaschen auch gelehrt,
mein Schatz mich maulend heimwärts fährt:
„Was sie so schön sich ausgedacht,
das hätte ich kaputt gemacht."

Ach, wär´ im Wonnemonat Mai
stets samstags Regensauerei!

Sommerhitze

So lang hat man gefröstelt nur,
nun steigt endlich die Temp´ratur
und in Erfüllung geht ein frommer
Gedankenwunsch nach einem Sommer.

Heraus holt man den Gartengrill,
auf dem man etwas brutzeln will.
Auch wird die Sitzbank abgestaubt,
weil man an warmes Wetter glaubt.

Der Wetterdienst meint es bleibt heiter.

Die Temp´ratur steigt immer weiter.
Gleich wird der Sonnenschirm verwendet,
damit die Sonne nicht so blendet.

Der Liegestuhl steht auch im Garten
zum Sonnenbad, auf das wir warten,
um urlaubsfrisch dann auszuschau´n
mit einem bronzen Schokobraun.

Der Wetterdienst meint es wird heiß.

Gekauft wird kübelweise Eis
und aufgebaut der Swimmingpool,
um abzukühlen sich im Pfuhl.

Getränke schleppt man kistenweise,
verschiebt erst mal die Urlaubsreise,
braucht bei dem Sommer nicht wegfahren
und kann sich so die Kosten sparen.

Doch steigt die Temp´ratur noch weiter!

Kein Wölkchen ist Sonnenbegleiter,
das Grün beginnt schon zu verdorren,
dass Wasser wir vom Brunnen schnorren.

Wir schwitzen stets und sind gereizt
weil auch das Haus mit Kühle geizt.
Sind öfter drinnen statt da draußen
und lassen Grill, Pool, Sonne sausen.

Der Wetterdienst warnt vor der Hitze!
Die Temp´ratur steigt hoch zur Spitze!

Selbst wenn die Sonne man nun meidet,
läuft jeder nur noch leicht bekleidet.
Der Mann zeigt seinen nackten Bauch,
die Frau ihn im Bikini auch.

Selbst so sie an die Türe geht,
wenn der Postbote davor steht.

Er murmelt was „von guter Sitte"
doch überhört sie seine Bitte.
und meint, dass er so halbbekleidet,
viel eher den Besuch verleidet.

Er fühlt sich da schnell angegriffen
wie in den dicken Bauch gekniffen
und meint, mit der Orangenhaut,
sei sie ja auch nicht gut gebaut.

Nun wird es auch da drinnen hitzig,
die Köpfe rot, die Körper schwitzig.
Und aus dem Streit wird richtig Krach,
mit Donnerhall gar mannigfach!

So kommt es meist bei großer Hitzen
zu dem Gewitter dann mit Blitzen.

Sommerspaziergang

Sonnenstrahl und Ährengold,
Heu duftet von der Wiese.
Kornblumenblau und klatschmohnrot
schaukelt in Sommers Briese.

Wolkenschiff im Himmel klar
wie Schäfchen auf der Weide.
Wassertropfen sprüht der Bach,
zu blinken wie Geschmeide.

Lauer Wind von Bergen weht,
so früh ist ´s noch nicht heiß.
und wer schon jetzt spazieren geht
die Ruh´ zu schätzen weiß.

Nur weit entfern Hundegebell,
ein Hahn kräht etwas spät.
Ein Zirpen, Brummen ringsumher,
was Emsigkeit verrät.

Ein Rattern, Plätschern hört man bald,
ein Mühlrad dreht im Kreis.
Mit frohem Schritt lenk´ ich dorthin,
wo ich ein Rastplatz weiß.

Ein frischer Trunk, ein Butterbrot
als Frühstück mitgebracht
genieße ich im grünen Gras,
dass mir das Herze lacht.

So fängt der Tag wohl herrlich an,
es leuchtet weit und breit.
Ein Tag so schön beginnen kann
zur schönsten Sommerszeit.

Küsten

Sie liebten sich. Und Küsten,
gesäumt von hohen Dünen,
die von Moral nichts wüssten,
zieren die Gräser, grünen.

Die See komme und weiche,
die Sonne herrlich brennt.
Strandhafer, Sand und Deiche
nur die Gezeiten hemmt.

Dort liegt das Pärchen trocken.
Der Strand ist einsam leer.
Die Wellen woll´n verlocken
vom schaumig schönen Meer.

Nach Salz schmecken die Winde,
Nach Meer schmeckt auch ihr Kuss,
vom rundum hübsche Kinde,
das sich abkühlen muss.

Die Wellen sehr gefallen.
Zum Baden fehlt der Sinn.
Wenn da nicht wären Quallen,
dann wäre sie schon drin.

Nur in die Gischt zu springen,
bei diesem Glibbertand,
kann Freude ihr nicht bringen.
        Dann besser Sonnenbrand!

Wo?

Wenn ich doch nur noch wüsste,
wo ich mein Mädchen küsste?

Es wuchsen die Gelüste
beim Anblick ihrer Brüste,
was mir den Tag versüßte...

Nein, nein! - Salzig war´s.
Es war doch an der Küste.

Gedanken macht mir allerhand
Spazierengeh´n am Nordseestrand.

Ebbe und Flut

Ich schlender durch den Dünensand
des Morgens an dem Nordseestrand.

Es weht dort eine steife Brise,
wohl übers Meer kommt her wohl diese,
die Wellen schäumend wirft zum Strand,
von feinen, weißen Nordseesand.

Im Fischerdorf in seinem Hafen
die Fischerboote längst noch schlafen,
dümpeln in jedem Wellen Tal
so auf und ab ein jedes Mal.

Doch wenn in See sie später stechen
wird sich das Meer gewaltig rächen,
weil damit doch ganz unerhört
der Meeresspiegel wird zerstört.

Das Wasser fließt nun einfach weg,
zurück bleibt´s Watt mit Schlamm und Dreck.

Zum Glück vergaß das Nordseemeer,
denn bösen Eingriff stets bisher,
weil schließlich wird es wieder gut,
wenn auf die Ebbe folgt die Flut.

Ein Buddelschiff

Ein Buddelschiff, das plagt Fernweh
nach Wind und Wellen, hoher See.
Es hat die Segel schon gesetzt
und würd´ am liebste starten jetzt,
doch ist der Flaschenhals arg eng,
als dass es sich hindurch dort zwäng´.

Der Kapitän, der flucht nur laut
weil seine Mannschaft sich nicht traut,

als fürchteten sie um ihre Leben
beim Kurs, den er hat vorgegeben.
„Gleich hinterm Korken" ruft er laut,
„da liegt die See, uns wohlvertraut,
die große, weite Welt dazu!
Nun packt mal an, und das im Nu!"

„Uns macht die weite Welt nicht bang"
ergreift das Wort der Steuermann,
„das Ziel verlockend, schön und fein -
nur ist die Öffnung etwas klein!"

Drauf fängt das Lamentieren an
der Smutje und der Zimmermann:
„Hier sind wir sicher und geborgen
und leben gut doch ohne Sorgen.
Wer weiß, was uns da draußen droht,
das Unbekannte und die Not!?"

Der Maat stimmt ein und seinesgleichen:
„Nie wird der feste Kork uns weichen,
auch fegt der Wind mit Stärke zehn -
das kann man von hier drinnen seh´n -
und Wellen hoch wie Alpenberge.
Dagegen sind wir kleine Zwerge!"

Sie Freiheit nicht verlocken kann
und Meuterei war voll im Gang.

Durch ´s Toben, Raufen glatt durchbricht
die Flasche nun das Gleichgewicht.
Das Buddelschiff von Ständer fällt
wo es am Boden gleich zerschellt.

Zwar ist die Freiheit nun erreicht,
doch nichts dem Seefahrtswunsche gleicht:

Eh´ ´s Buddelschiff noch überlegt,
wird es samt Scherben aufgefegt
und wandert ohne Freud´ und Wonne,
flugs in die dunkle Abfalltonne.

Der Wattwurm

Ein Wurm, der kam mal aus Berlin,
den zog ´s zum Urlaub nordwärts hin.
Dort wohnte er im Sediment,
wie man das Watt der Nordsee nennt.

Er hauste dort gemütlich gut
solange es noch herrschte Flut.
Doch als kam Ebbe mit der Tide,
da fand er das doch sehr perfide.

„Watt denn, watt denn", fragt er sich,
„keen Wasser jibt es plötzlich nich.
Bin etwa ick schon anjestrandet
und so am Kuhdamm glatt jelandet?"

Wer diese Worte wurd´ gewahr,
dem war ab nun eindeutig klar:
Auch wenn den Gast hier keiner kennt,
ein jeder ihn nun „Wattwurm" nennt.

Tide

Hätte ich doch nur ein Boot,
hätte ich jetzt keine Not
trocken bei all den Gezeiten
durch die Fluten hinzugleiten.

Doch was hilft mein Wünschen, Sinnen?

So muss ich trotz allem schwimmen.

Dichtung mit Tiefgang

Dem Boot, dem war´s einfach zu dumm
zu schlingern in der See herum,
wo schwappten Wellen - oh du Schreck -
fast meterhoch so übers Deck.

Ein Sturm, der plötzlich aufgekommen,
und wüstes Meer, in dem´s geschwommen,
die quälte es wie zwei Verbrecher
mit Sturzbächen von hohen Brecher.

Die Pumpen lenzten kaum das Wasser
und in dem Boot wurd´s nass und nasser.
Durch jede Fuge oder Ritzen,
herein konnte das Wasser spritzen.

Zu steuern war dem Boot ´ne Qual
durch Wellenberge und durch -tal.
Auch pfiff der Wind stärker alsbald
und Gischt, die spitzte eisig kalt.

Als Blitze zuckten, Donner krachte,
das Schiff fast kaum noch Fahrt mehr machte
und kriegte immer mehr Tiefgang!

Der Sturm schließlich das Schiff bezwang,
als er sich steigert zum Orkan:

Es war gescheh´n um diesen Kahn:
Er lief ganz voll und ging dann unter...

     ... lebt nun als U-Boot weiter munter,
     am Grund des Meeres auf dem Riff,
     wo es dem Sturm ein Liedchen pfiff.

Segelboot

Er war ganz einfach nur gestrickt,
hat menschlich richtig zwar getickt
mit offenherziger Natur.
Doch sie schwärmt für ´s Geheime nur.

Er wollte gern ihr Herz gewinnen,
weil er sie liebte wie von Sinnen,
doch da sie mochte es okkulter
zeigt sie ihm nur die kalte Schulter.

Da greift er zu der kleinen List,
damit sie netter zu ihm ist,
verspricht ihr einen Schatz zu zeigen,
dessen Geheimnis ihm nur eigen.

Aus Neugier schwinden ihr Bedenken,
drum will sie ihm Beachtung schenken.

Ein altes Stückchen von Papier
mit Strichen, Kreuzen zeigt er ihr,
wo angeblich der Schatz vergraben.
Als Dank will einen Kuss er haben.

Sie ziert sich, meint, er kriegt den Schmatz
erst wenn gefunden ist der Schatz.

Um zu der Schatzinsel zu kommen,
wird eine Bootstour unternommen,
in seinem kleinen Segelboot
ganz früh schon, so im Morgenrot.

Er denkt, wenn wir im Meer erst schwimmen,
kann sie so schnell mir nicht entrinnen
auf kleinem Boot in enger Nähe,
wenn ich die Liebe ihr gestehe.

Der Wind frischt auf zur steifen Brise.
der Segeltörn gerät zu Krise,
weil doch das kleine Segelboot,
hat mit den hohen Wellen Not.

Das Boot springt hoch und danach nieder
und rauf und runter immer wieder.
Ihr Blick zeigt Angst, doch er macht Mut
und merkt sogleich, wie gut ihr´s tut.

Sie klammert sich an seinen Arm,
ist ihm nun nah und ihm wird warm,
kann als Beschützer sie umspinnen
und so vielleicht ihr Herz gewinnen.

Die Wende ist grad noch gelungen,
das Schiffchen auf und ab gesprungen.
Der Wind pfeift ohne Unterlass
und Gischt macht beide pudelnass.

Sie drückt sich fester ihm entgegen.
Gefühl beginnt sich nun zu regen,
doch weil er deshalb nicht aufpasst,
ein Tampen reißt am Obermast.

Nun ist es ihm auch nicht geheuer,
er lenkt zum Ufer hin das Steuer,
doch bei der Halse dann, oh Schreck,
bricht es den Mastbaum gänzlich weg.

Nun schlingert´s Bötchen in den Wellen
getrieben nur von Wasserschnellen.
Sie meint: „Wenn ich jetzt sterben muss,
dann gib mir einen letzten Kuss!"

Die beiden können´s gar nicht lassen,
umringt von tosend Wassermassen,
sich festzuhalten, eng umklammert.
Beim Anblick es fast einen jammert.

Dann, im gepeitschten Sturmestoben
wirft eine große Wasserwogen
die beiden küssend auf den Sand -
dahin gespült am Uferstrand.

> Seitdem die beiden sich sehr lieben.
> Nichts ist so mehr geheim geblieben
> und - dass den Schatz sie hat gefunden
> lässt sie am Standesamt bekunden.

Seereise

Gar Unrat viel, der schwimmt im Meer,
was ärgert viele Fische sehr,
bis dass der Kabeljau entdeckt
ein buntes Seereiseprospekt.

Dort wird hochlobend angepriesen,
was auf ´nem Schiff könnt man genießen:
Die frische Seeluft, Meer und Sonne,
ein Swimmingpool, Menüs zur Wonne
und dazu würd´ man außerdem
ganz viel von fremden Ländern seh´n.

Der Kabeljau sprach zu der Frau:
„Das ist das Richtige, genau!
Die Haut ganz schuppig schon aussieht,
drum man dem Salzwasser entflieht,
in einer Luft, herrlich und frisch.
Wie wär ´s mit einer Fahrt am Schiff?

Dort könnten wir ganz schnell gesunden,
von dem, was hier hat stattgefunden.
Wenn wir erst einmal eingeschifft,
stört uns nicht Plastik und der Mist,
der macht das Leben uns so schwer
in dem verdreckten Weltenmeer."

„Wie aber kommt man denn an Bord?"
die Frau fragt ihn darauf sofort.

Darauf erklärt der Kabeljau
mit großem Eifer seiner Frau,
er hätt´ gehört aus Fischgeschwätz
dass dazu dient ein Fischernetz.
So wär es einfach, schnell und fein,
dass man sie holt zum Schiff hinein.

Und richtig dauert es nicht lang,
dass beide zähl ´n zum Fischefang.

Nur konnten sie es nicht genießen,
was im Prospekt wurd´ angepriesen.

Keine Wehmut

Wenn die bunten Blätter fallen
will das manchem nicht gefallen,
    der den Sommer liebt und Wärme,
    laue Nächte, Zelt der Sterne,
    Grillenzirpen, weiche Decken,
    Zweisamkeit auf Lippen schmecken.

Kommt der Nebel und der Regen,
Wind, die Bäume leer zu fegen,
    fehlt es ihm, bei Hitze schwitzen,
    faul in Eiscafés zu sitzen,
    um den jungen, hübschen Frauen
    beim Flanieren nachzuschauen.
    Außerdem vermisst er noch
    Schwimmengeh´n am Baggerloch
    wo die Nixen, gut gebaut,
    tragen wenig Stoff auf Haut.

Zwar vergeh´n mit kurzen Tagen
Mücken- und auch Wespenplagen,
    doch vorbei ist´s auch im Garten
    eine Party spät zu starten,
    um beim abendlichen Grillen
    fröhlich seinen Durst zu stillen.

Auch ich mag - will´s nicht verneinen -
wenn die Sonne will mir scheinen,
    doch ich freu mich, wenn nun bald
    farbenfroh die Bäum´ im Wald,
    denn mit Nebel, Kälte, Wind
    auch die Winterung beginnt:

    Zeiten in der Stube drinnen,
    Zeit sich etwas zu besinnen,
    um beim Feuer im Kamin
    lauschen einem Evergreen.

Zeit zum Denken, was gewesen,
Zeit ein gutes Buch zu lesen,
Zeit zum Kuscheln so zu zweit.

Schön ist auch die Jahreszeit!

Sommerabschied

Es riecht nach geernteten Trauben,
nach Most zieht ein Duft durch das Land.
Man kann es noch einfach nicht glauben:
Der Sommer hat sich abgewandt.

Nun kommen die Stürme mit Regen,
der Herbst marschiert her ganz stramm,
um Blätter von Bäumen zu fegen,
wenn Nebel macht alles ganz klamm.

Wenn geht die Natur so zur Neige
und bettet sich stille zur Ruh´,
der Winter mit Frost sich bald zeige
und winkt uns des Nachtens schon zu.

Die Sonne scheint schwach nur verlegen,
durch Dunstschleier mal ab und an.
Nur mühsam gelingt ihr Bestreben,
dass man sich daran freuen kann.

Wir aus diesem Grauen heimstürzen,
das uns im Gemüte macht bang.
Doch weil sich die Tage verkürzen,
ist dafür der Abend schön lang,

Herbstzeit

Wenn ´s Laub beginnt sich zu verfärben
und Förster für Kaminholz werben,
Nebel durchzieht die Farbenpracht
    und abends wird es früher Nacht.
Wenn Bulldog* über Straßen schleichen
die Arbeit wir zu spät erreichen,
früh Raureif wir von Scheiben kratzen,
    vom Herbst die schwarzen Raben schwatzen.
Wenn Birnen saftig gold am Baum
und Äpfel rotbackig zu schau´n,
noch warmen Zwetschekuch´ vom Blech
sich heimlich stehlen Kinder frech,
wenn Vögel sich in Scharen,
um in den Süden abzufahren,
ein Hauch von Most durch Dörfer weht,
    der Herbst vor unsern Türen steht.
Wenn Sonne nur im Dunst zu sehen,
auf Wegen große Pfützen stehen,
auf Stoppelfeldern Kinder jagen,
um Drachen himmelwärts zu tragen,
wenn Regen wäscht die Bäume kahl,
    dann ist der Herbst da, allemal.
Wenn in der frühen, kühlen Nacht
man wieder den Kamin anmacht,
wenn man in seine Wärme flieht
wenn summend Tee in Kannen zieht
und trifft sich im Familienrund,
    malt uns der Herbst die Herzen bunt.
Weil Zeit ist für Erzählgeschichten,
für ´s Zuhör´n, Plauschen und Berichten,
für Spielen oder Musik machen,
für Fröhlichkeit, zusammen lachen.
Wenn ist der Sommer zwar vergangen,
    wird das der Herbst für uns einfangen.

Bulldog = Trecker

Wenn der Wind die Wolken treibt,
und die Sonne sich dann zeigt
freut sich, wenn so stürmt der Wind,
beim Drachensteigen jedes Kind.

Sie fliegen wieder

Fast entlaubt sind schon die Wälder.
Über kahle Stoppelfelder
jagen Kinderbeine wild,
wenn der Wind zum Sturm anschwillt
bis am Himmel wie im Reigen
bunte Drachen hoch aufsteigen.

Denn die Drachen fliegen wieder
in den Lüften auf und nieder
und durch Kinderhände gleiten
Leinen, um sie zu begleiten
zu den himmelsblauen Reisen.
Farbtupfer am Himmel kreisen.

Und mit jauchzendem Entzücken
Kinderaugen aufwärts blicken,
wo ihr Drachen sich dort windet,
an der Schnur den Aufwind findet
und sie kräftig daran ziehen,
dass er bloß nicht kann entfliehen.

Schneller rennen Kinderbeine,
Kinderhände geben Leine
und es steigt die Freude mit
bei der Drachen Himmelsritt.

Lautes Lachen, frohes Schreien –
bis sich einer kann befreien:

    Zing – es reißt der Lebensfaden
    und in zarte Wolkenschwaden
    ganz befreit der Drachen schwindet,
    wo er seine Freiheit findet,
    wird ganz weit und hoch getrieben,
    wohin Drachen sonst nie fliegen

und als bunter Punkt am End´
schwindet er am Firmament.

Unten bleibt ein Kind nun stehen,
um ihm hinterher zusehen.

Doch der Fluchtversuch des Drachen
lässt es lauthals fröhlich lachen,
weil der nicht am Seil sich windet
sondern endlich frei entschwindet
dahin, wo das Kind so gerne
flöge mit ihm in die Ferne.

Still blickt es dem Drachen nach
- glücklich allem Anschein nach -
denn ist der auch abgehauen,
wird es sich ´nen neuen bauen.

Sonne, Wolken, Regen, Wind
freu 'n im Herbst ein jedes Kind,
denn nun kann der Drachen steigen,
bunt am Firmament sich zeigen
und sich munter aufwärts winden,
um die Freiheit dort zu finden.

Drachenflug

Flieg ich hoch hin durch die Lüfte,
steil hinauf zum Himmelsmeer,
und ich rieche Regendüfte
aus dem grauen Wolkenheer.

Atme tief die kühlen Winde,
zische über Felder hin,
´s gibt nichts Schöneres, ich finde,
als dass ich im Himmel bin.

Sonnenspiel mit Tropfenschimmer
glitzern auf papierner Haut.
Meine Schnur singt mit Gewimmer,
in den Böen manchmal laut.

Nur die Elemente spüren,
mit der Luft unter den Schwingen,
lass mich nur vom Winde führen,
fühl´ die Freude in mir singen.

Schwing mich höher in den Sphären,
bin den Wolken ziemlich nah.
Frei zu sein ist mein Begehren,
wenn ich fliege droben da.

Doch da hör´ ich lautes Schreien,
in des Windes Melodie,
misstönend in meiner freien,
unbeschwerten Harmonie.

Und ich schau zur Erde nieder
und ich seh' eine Gestalt,
die als winzig kleines Wesen
zerrt am Seile mit Gewalt!

Will nicht länger hier verweilen,
stürz hinab mit lautem Krachen,
und dem Kind zur Hilfe eilen...

Doch das Schreien war nur Lachen.

Dörholter Herbst

Die Wolken sind schon aufmarschiert - es naht wohl eine Regenfront.
Nur so zum Zeitvertreibe,
wie hinter einer Milchglasscheibe
verrollt die rote Sonnenkugel gemächlich hinterm Horizont.

Gelbbunte Abschiedswimpel hängen nass tropfend in den Bäumen.
Bald segeln sie herab geschwind.
Von Zeiten, die vorüber sind,
bis sie zu Laub geworden, erschöpfte Blätter träumen.

Wie frisch gewaschen riecht die Luft. Der Sommer geht gemach
und herbstet immer mehr fürwahr.
Zum letzten Mal in diesem Jahr
nur ein paar Grillen zirpen noch verzweifelt ihrer Liebsten nach.

Schon kahle Äste recken sich starr in den kalten Wind,
der Farben von den Wiesen weht.
Dass Winter vor der Türe steht,
auf leeren Stoppelfeldern weiß, der erste Reif verkünd´t.

Schlacht

Wenn mit dem Nebel Feuchtigkeit
zieht durch das weite Land,
dann ist der Herbst zum Kampf bereit,
Regen als Adjutant.

Und Wolken, die marschieren schon,
als großes Heer daher
wie Wind und Sturm mit Aggression
macht der Natur es schwer.

Das Sommerleben endet nun
in einer schweren Schlacht
Da kann man gar nichts gegen tun,
wenn Herbst sich siegreich macht.

Dunst und Nebel werden dichter
wenn der Herbst kommt grau und nass,
doch macht dabei froh Gesichter
wenn als Dichter reim´ ich was:

Herbstlich

Die Sonne strahlt am Himmelsrund,
kein Wölkchen ist zu seh´n,
an Bäumen hängen Blätter bunt,
die Herbstwind wird verweh´n.

Es raschelt, wenn durch Laub man geht,
von Pilzen zieht ein Duft,
in mancher Pfütze Wasser steht,
nach Feuchte riecht die Luft.

Kastanien liegen unterm Baum
Bucheckern, Eicheln auch.
Für Tiere ist´s ein Naschwerktraum,
für Kinder Bastelbrauch.

Kaminholz nun erwartungsvoll,
am Haus gestapelt fein,
im Ofen bald verbrennen soll,
dass warm wird´s dann daheim.

Doch selbst wenn sich das Wetter dreht
mit Regen und mit Wind,
man halt mit Schirm nach draußen geht,
und kehrt bald heim geschwind.

Am Stövchen Tee so vor sich summt,
auch Rum steht schon bereit,
Musik gemütlich leise brummt,.
Welch´ schöne herbstlich Zeit.

Wer trauert denn dem Sommer nach?
Er ist halt nun vorbei.
Gewöhnt euch lieber dran gemach,
dass bald es Winter sei.

Goldener Herbst

Nun ist es Herbst! Schon früh am Morgen
wird mir der ganze Tag verdorben,
weil ich am Fenstern kann erkunden
dass draußen ist die Welt verschwunden:
Ein schmutzig grauer Dunst nur wabert.
Von „Gold 'nem Herbst" das Radio labert.

Kahl sind schon Buche, Eiche, Esche.
Der Herbst, der macht grad große Wäsche.
Der Staub des Sommers und der Dreck,
die müssen nun im Herbstputz weg
und mit viel Eifer und Inbrunst
verbreitet er Waschküchendunst.

Die Sonne hat gleich ihr Bestreben
in diesem Dampf schnell aufgegeben,
kein Sonnenstrahl kann da durchdringen
um „Gold 'nen Herbst" zu mir zu bringen.
Bei dieser milchig trüben Suppe
bleibt mir das mit dem „Herbst" auch schnuppe.

Schon spät! Zur Arbeit ich jetzt haste.
Im dichten Dunst ich nur ertaste
den Weg zum Auto. Doch oh Schreck,
da wo ich dacht´ ist´s Auto weg.
Ich überlege ganz gequält
„Wo habe ich ´s nur abgestellt?"

In dichtem Weiß muss lang ich suchen
und will den Nebel grad verfluchen
als Schmerz am Bein mich jäh´ durchschreckt:
Ich hab mein Fahrzeug doch entdeckt.

Bin nicht zur Arbeit hingekommen,
weil ich ´nen Baum hab mitgenommen,
im Schneckentempo an ihn krachte,
weil wohl die Straß´ ´ne Biegung machte.

Und aus dem Autoradio,
tönt´s immer noch von „Herbst" und so,
als wollte er mich so verhöhnen,
weil ich muss Abschleppkosten löhnen.

Das nächste Mal bleib ich daheim,
geb´s lieber aus für „goldnen" Wein.

Pfützen

Es regnet heftig – plitsch und platsch.
Auf Wegen Pfützen oder Matsch.
Kein Mensch wagt sich zu Tür hinaus,
bleibt trocken lieber nun zu Haus´.

Ich aber lass´ mich nicht verdrießen
das Regenwetter zu genießen
und denke an die Kinderzeit,
als mich solch Wetter hat erfreut.

Was hatte damals ich für Spaß,
auch wenn ich nachher pudelnass.

Drum mache ich mir jetzt den Scherz
und suche nach dem Friesennerz.
Auch rüst´ ich mich für die Partie
mit Gummistiefeln bis zum Knie.

So wetterseitig gut gerüstet
es mich nach Pfützen nun gelüstet.
Da gibt es große oder kleine,
und ich versäume wirklich keine:

Ich spring, dass herrlich will es spritzen,
mit beiden Füßen in die Pfützen.
Die nächste schon! – Mit großem Schwall
spritzt Wasser auf grad überall.

Ein Mann, der´s Hündchen Gassi führt,
kopfschüttelnd nur nach mir hin stiert
und hält mich wohl für was verrückt.

Ich aber bin vor Spaß entzückt:
Es ist doch einfach herrlich fein
fühlt man sich wie ein Kind noch klein.

Regen

Wenn´s regnet - ihr mir es nur glaubt -
es wirklich dann kein bisschen staubt.
Die Luft ist rein, die Luft ist klar,
wie ohne Regen sie nie war.

Gewaschen wird der Schmutz und Dreck,
der durch den Regen ist nun weg.
Und gleich ein Duft steigt in die Brust,
den man ganz tief einatmen muss.

Man schmeckt die Kräuter und die Erden,
die überdeckt vom Smog sonst werden.
und fühlt sich der Natur nun nah,
wie es vielleicht so früher war.

Ein Regenschirm kann dabei nützen,
uns vor dem Regen was beschützen,
statt sich durch Nässe zu verdrießen
um so die Frische zu genießen.

Auch sollte man niemals vergessen:
Auf Regen sind Kinder versessen.
Wie sollten sonst in großen Pfützen
sie mit den Gummistiefeln spritzen?
Man hört es an dem lauten Lachen,
welch´ Spaß der Regen kann da machen.

Werdet zu Kindern, fröhlich nur,
und habt doch Spaß an der Natur,
denn nur bei Regen - ungelogen -
sieht man auch einen Regenbogen.

Ist Regen euch trotzdem ein Graus,
dann hockt halt trocken ihr zu Haus´.

Herbstlaub

Wenn ´s Laub hängt gelb, rot oder braun
im kühlen Wind noch auf dem Baum,
wenn Nebel alles gräulich macht,
und viel zu schnell wird es nun Nacht,
wenn Regenschwaden umher treiben
     will jeder nur im Hause bleiben.

Jetzt kommt die Zeit, wo man im Garten
auf ´s Blätterfallen muss noch warten,
weil einzeln sie zum Boden schweben,
wenn so vergeht des Sommers Leben.
     Dann fallen mehr, so Tag für Tag,
     bis das Laubsammeln wird zur Plag.

Die bunten Blätter bald bedecken
zu meinem allergrößten Schrecken
bald Rasen, Beete und Terrasse,
obwohl das Kehren ich so hasse.
     Doch fallen stetig sie dort nieder,
     wie jedes Jahr im Herbst halt wieder.

Den Rechen im Gerätehaus,
den seh´ ich an nur voller Graus.
Er droht mit Mühen und mit Schweiß,
dass selbst bei Kälte wird mir heiß
beim Rechen dann von Blatt für Blatt,
bis man zu Haufen sie mal hat.

Kaum sind zusammen sie getrieben,
wird ´s Laub vom Wind doch aufgestieben,
verteilt sich froh in Gartens Rund
und gleich ist alles wieder bunt.
     Wie soll bekämpfen ich dies Heer
     von einem wahren Blättermeer?

Ein Herbststurm wäre jetzt ein Segen,
mit einem kräftig, nassem Regen,
der fegt vom Baum ab jedes Blatt
bis kahle Äste man nur hat.

Bläst drauf, da will ich gerne warten,
die Blätter dann in Nachbars Garten,
bis keine mehr bei mir hier waren.

Dann könnt´ das Kehren ich mir sparen.

Der stärkste Regen fängt mit einem Tropfen an.

Regennacht

Rabenschwarz ist es dort draußen.
Selbst der Mond verbirgt ´s Gesicht.
Kalter Wind, der lässt es sausen.
Und im Haus, da brennt kein Licht.

Tropfen tropfen an die Fenster
manchmal laut und manchmal sacht.
Tropfen klopfen wie Gespenster
in der düst´ren Regennacht.

Keinen Hund wollt´ jetzt man jagen
in die Nässe dort hinaus.
Nur die Feuerzungen blaken
knisternd vom Kamin heraus.

Schatten wirft das an die Wände.
Unheimlich - mal groß, mal klein -
greifen um sich wie behände,
als wär man nicht ganz allein.

Doch kein Ton ist sonst zu hören.
Nichts erklingt von nirgendwo,
das die Stille könnte stören.
Nur der Wind ums Haus heult froh.

Dumpf das Uhrwerk schlägt die Stunden.
Geisterstunde es bald hat,
wenn der Zeiger will umrunden
einmal noch das Zifferblatt.

Plötzlich ist es blendend grell!
Weißes Licht all überall! –

Und es leuchtet strahlend hell,
weil vorbei der Stromausfall.

Wenn Herbst ist so grau, regennass,
schimpft man meist darüber ganz krass.
Das ist das Infame!
Drum mach ich Reklame,
denn auch nasser Herbst schenkt uns was:

Herbstreklame

Die Farben sind bunt angerühret,
der Herbst die Natur hat berühret
um Blätter zu färben,
für Wein frech zu werben,
damit er zum Trunk uns verführet.

Der Regen rauscht auf uns hernieder
und Kühle kriecht uns in die Glieder.
Ein Schirm bietet Schutz,
den ich dafür nutz´
dem Liebchen zu nähern mich wieder.

In Tröpfchen sprüht´s uns ins Gesicht.
Wir schmiegen uns dichter an dicht
und geh 'n engumschlungen.
Mein Herz ist gesprungen,
doch leider merkt sie das noch nicht.

Ein Gasthaus lädt ein zum Verweilen,
wohin wir dem Wetter enteilen.
Im Glas funkelt Wein.
„Wirt, schenkt noch mal ein,
wir haben kein Grund uns zu eilen.“

Ein frischer Wind heimwärts uns fegt
wie Blätter vom Baum unentwegt.
Beschwingt dann zu Haus´
die Mäntel zieh´n aus
und sind beide ganz aufgeregt.

„Du Herbst bist mir ein Glücksbereiter!“
Wir rücken zusammen ganz heiter,
der Ofen gibt Glut,
sich „wärmen“ tut gut.
     Der Herbst zieht laut pfeifend froh weiter.

Feld-Wald-Wiese

Was fällt mir ein zu „Feld-Wald-Wiese",
wenn Herbst ist es, und kahl sind diese.
Kein Blatt ist mehr im Wald am Baum,
kein Grün auf Wiesen, Feld zu schau 'n.

Kein einz´ger Strahl von etwas Sonne,
bereiten uns ein wenig Wonne,
stattdessen graue Feuchtigkeit,
sich überall draußen verbreit´.

Die Muse will mich da nicht küssen.
Wozu soll ich was dichten müssen?
Doch reim´ ich trotzdem unbeschwert.

      Ein Spaß ist ´s allemal mir wert.

Feld-Wald-Wiesen-Gedicht

Ein Feld liegt in der Gegend rum.
Es schmollt und ist vor Ärger stumm,
weil es - trotz gründlicher Rasur -
ein Stoppelfeld bleibt trotzdem nur.

Ein Wald, das sei nicht unerwähnt,
sich jetzt zurzeit ganz heftig schämt,
weil er - bisher sich schön geglaubt -
nun nackt da steht, so ganz entlaubt.

Ganz ähnlich geht es auch der Wiesen,
auf deren Grün sonst Blümlein sprießen.
Sie nur - wenn´s Grün ist ausgelaugt -
wie „Feld" und „Wald" zum Reimen taugt.

Feld-Wiesen-Wald

Ein Schlachtfeld liegt auf einer Wiesen,
die Ritter schlugen sich auf diesen.
Nun warte ich, sie gingen bald
wegen des Themas in den Wald.

Enttäuschung

Wenn mir nichts einfällt, geh ich nur
hinaus, herum in der Natur,
weil sich vielleicht dort könnt´ verstecken
was ich könnt´ für´s Gedicht entdecken.

Doch wenn im Wind das Feld sich wiegt,
es für´s Gedicht nicht viel hergibt,
egal ob Korn-, Gemüsefeld,
mir nichts zum Reimen da gefällt.

Auch Wiesen geben nicht mehr her,
wenn ohne Kühe sie sind leer,
und nur das Unkraut darauf steht,
weil sie der Bauer nicht gemäht.

Da bleibt mir nur der dunkle Wald,
doch selbst dort ich bemerke bald,
dass für das Dichten gibt´s kein Bild,
wenn sich nicht zeigt das scheue Wild.

Ergebnislos ich geh´ nach haus´.
So ist es mit dem Reimen aus
und ich kann halt im Vortragsreigen
für diesmal einmal nichts aufzeigen.

Wenn es kein konkretes Thema gibt, sagt man oft, es ginge um „Feld-Wald-Wiese", also von irgendetwas Allgemeinen.

Treibjagd

Der Graf von Hohentux zu Baden,
der hat zur Treibjagd eingeladen.
Es kam der Adel, hoch und nieder,
auch Kirchenfürsten kamen wieder,
selbst Prominenz ließ nicht absagen,
um teilzunehmen an dem Jagen.

      Ha-la-li – so klingt es bald
      goldblechern durch den grünen Wald.

Die Flinten in der Sonne blitzern,
Silberbeschläge funkelnd glitzern.
In grünem Loden aufgeputzt
die Jagdgesellschaft lebhaft nutzt
die Zeit, dass – eh´ die Jagd beginnt –
man erst ein Schluck „Zielwasser" nimmt.

´s bleibt nicht bei einem, sondern vielen,
damit noch besser kann man zielen.
Die Flaschen schnell die Runde machen
bei Jagdlatein und schrillem Lachen.
Selbst Bischof Hinz meint, dass es frommt,
wenn er auch etwas abbekommt.

      Ha-la-li – so klingt es weiter
      raukehlig durch die Wälder heiter.

Der Landgraf Kunz kann kaum noch steh´n,
weil er zu tief ins Glas geseh´n.
den kann nur der Baron noch toppen,
der intus hat fast zwanzig Schoppen
und Bischof Hinz, undeutlich lallen,
ist dann beim Segnen umgefallen.

      Ha-la-li – da man vernimmt,
      dass jetzt der Aufbruch eingestimmt.

Die Treiber, leuchtend rot markiert,
die sind als erstes losmarschiert
mit Lärm und Rufen und mit Stecken

das arme Wild wohl aufzuschrecken,
um es den Jägern zuzutreiben
und jeden Fehlschuss zu vermeiden.

Die Jagdgesellschaft, meist zu zweit,
ist bald danach im Wald verstreut,
wo sie, im Anschlag ihre Waffen,
es leicht benebelt selten schaffen
den Tieren machen den „Garaus",
die aus dem Dickicht brechen aus.

     Ha-la-li – so klingt es froh
     aus den Gebüschen irgendwo.

Die Dämm´rung senkt sich langsam nieder,
„Halali" erklingt es wieder,
auf dass die Jagd ist endlich aus.

Vorm Grafenschloss dann, dort zuhaus´,
da wird die Strecke ausgelegt,
die Beute, die man hat erlegt:
Dort liegen Hasen, Hirsch und Reh,
und auch ...
          ein Treiber, ach herrjeh!

Der Landgraf Kunz sieht staunend hin,
runzelt die Stirn, reibt sich das Kinn:
„Viele von den´ hab ich geseh´n,
so leuchtend rot im Walde steh´n.
Hätt´ ich gewusst, dass **die** zum Abschuss frei,
dann wär´n gewiss noch mehr dabei!"

     Ha-la-li – tönt es zum Schluss,
     auf ´s Waidmannshandwerk einen Gruß!

Jagdglück

Hoch droben in dem Brettverschlag
das sitz ein Jäger früh am Tag
im Ansitzt, macht sich dort ein Bild
mit Fernglas von dem wilden Wild.

Schon seit fast einer Stunde Dauer,
sitzt er dort mäuschenstill auf Lauer.
Nichts regt sich, nichts tritt aus dem Wald.

Dem Jäger wird schon langsam kalt.

Der Flachmann ist schon lange leer,
kein Schnaps, der ihn kann wärmen mehr.
Der Wind frischt auf und Regentropfen
von außen an den Hochstand klopfen.

Die Finger werden ihm schon klamm,
doch nichts er diesmal schießen kann,
kein Braten, weder Reh, noch Hirsch,
kann bringen heim er von der Pirsch.

Dass er nicht hört nur Frotzelei,
schaut er beim Metzger noch vorbei,
kauft Hasenrücken gleich en Gros,
als sei die Jagdbeute famos.

Doch leider er zum Schluss vergisst,
des Metzgers Werbung auf der Tüte ist.

Jägerlatein

Die Jäger prahlen in der Runde,
von Jagderfolgen gibt man Kunde.
Doch bei der Beute täuscht der Schein,
weil man erzählt Jägerlatein.

Ein einziger darauf besteht:
„Bei mir um ´s reine Wahrheit geht,
als ich auf einen Bär getroffen
und ihn mit dem Gewehr erschossen!"

Dass man ihn nicht der Lüge zeiht
hält er ein Foto gleich bereit,
auf dem er präsentiert sich hier
dicht bei dem toten Raubgetier.

So wird er durch die Jagdtrophäe
zur wahren Jägerkoryphäe,
wie alle Jäger sich zuraunen,
als sie den mächt´gen Bär bestaunen.

Dann anerkennend einer lacht:
„Ich hätt´ mir in die Hos´ gemacht,
die Beine untern Arm genommen,
wenn der wär auf mich zugekommen!"

> „Das wollt´ ich auch", der Jäger sagt,
> der diesen Riesenbär erjagt,
> „jedoch, was glaubst du denn, worauf
> rutschte der Bär dann plötzlich aus,
> schlug mit dem Kopf an einen Baum,
> und fiel betäubt in tiefen Traum?!

> Da hab´ ich mich zum Schuss getraut.

Nur meine Hose war versaut."

Jagdballade (sehr frei nach Joseph von Eichendorff)

Ich bin ein munt´res Hirschlein schlank,
wollt´ nach der Liebsten seh´n,
doch da erklang ein Hörnerklang,
nun muss ich mich vorseh´n.

Im dunkelgrünen Waldrevier,
wo man den Frieden lobt,
will´ ich beschützen sie doch hier,
wo wilde Jagd bald tobt.

    Du Liebste, pass auf, hüte dich
    bis zu dem Morgenrot,
    bleib tief im Wald, verstecke dich,
    sonst bist du morgen tot.

    Ich seh´ dich vor mir wie im Bild.
    Ach bitte, sieh dich vor!
    Im Wald, da schleichen Jäger wild
    mit ihrem Feuerrohr.

Da brechen sie durch Wald und Tann
die ganze Jägermeute
und schießen wild drauf alles dann,
heiß hoffend nur auf Beute.

    Der Mensch, der unsre Welt durchbricht,
    voll Unmut und Verdruss,
    soll finden dich mein Schatz doch nicht,
    weil ich dich lieben muss.

    Du bist so schön, du bist so wild,
    du, meine Liebste, du,
    bis meine Sehnsucht ist gestillt
    schütz ich dich immerzu.

Da seh´ ich dich am Waldrand -
doch auch die Jägerschar
und deren Flintenhahn gespannt...
Wir werden wohl kein Paar.

Ich spring hervor vor deren Lauf,
ein Knall der Paladin,
doch so halt´ ich die Jäger auf,
dass du kannst ihn entflieh 'n.

Im Schmerz ich denke nur an dich,
kann dich verschwinden seh´n.

Ein stiller Friede kommt auf mich,
weiß nicht, wie mir gescheh´n.

Dunkelheit

Weich fällt die Schwärze auf die Welt.
Das Leben seine Hast einstellt.
Der Abend breitet aus die Decke,
dass Dunkelheit alles bedecke.

Die Straße leert sich, man entflieht,
ein jeden es nach Hause zieht,
denn fast bedrohlich wirkt es schon.
Die dunkle Decke dämpft den Ton.

Nur scheint die Decke arg zerschlissen,
mit Stopflöchern und eingerissen,
denn in der Schwärze scheint es doch,
dass Licht blitzt durch so manches Loch.

Es sind die Fenster von dem Zimmer,
wo man sich abends sammelt immer,
gemeinsam um ein Licht vereint:
Geborgenheit nach draußen scheint.

Nur auf dem Heimweg gebt gut acht,
da ist es nämlich tiefste Nacht.

Im Nebel

Ein Rebknorzen* reckt sich dort kahl auf im Wingert**
wo mit dürren Ruten im Nebel er fingert.
Verschwommen und fast von dem Dunste verschluckt
ein weiterer sich in den Reihen dort duckt.

Der Spanndraht sich schnell auch im Nebel verliert,
den jetzt früh am Morgen der Raureif noch ziert,
auch trockene Blätter, kurz vor ihrem Fall,
und schrump´lige Beeren mit Rubinkristall.

Die Sonne im milchigen Grau scheint diffus,
schenkt mühsam im Herbst uns ein letzten Gruß,
denn merklich ist schon ihre schwindende Kraft,
die nichts gegen Feuchte und Kälte mehr schafft.

Der Nebel erstickt jeden Laut ringsumher,
als deckt er ein Leintuch auf uns herab schwer
und alles, was sonst war, ist vor uns versteckt,
dass auf einen Punkt unsre Welt sich erstreckt.

Der Dunstschleier zwingt uns, in ihm zu erkennen,
man kann vor sich selber nicht wirklich wegrennen
und sollte, wenn man ist mit sich ganz allein,
sein eigener und stets auch sein bester Freund sein.

Und wenn sich dann endlich der Nebel verzieht
man mit andern Augen die Anderen sieht.

Rebstock
**Weinberg*

Teekännchen

Wenn abends fängt´s früh an zu dunkeln
und kühler Hauch zieht durch die Welt,
dann lässt man gern das Feuer funkeln,
um das man sich daheim gesellt.

Es prasseln Scheite im Kamin,
es lodert warm der Flammen Schein.
Der goldne Herbst ist längst dahin,
drum bleibt man lieber nun daheim.

Am Stövchen summt die Kanne Tee,
auch Plätzchen duften warm vom Tisch.
Die Kälte draußen tut schon weh,
und eisig Wind von Nord weht frisch.

Kaum rinnt der Tee dann aus dem Kännchen,
verbreitet sich sein Duft im Raum,
und vor dem Fenster wiegen Tännchen
sich schon im ersten Weihnachtstraum.

Der Kandis knistert in der Tasse,
und Löffel klingeln einen Ton.
Der Wind pfeift draußen durch die Gasse
als spotte er der Wärme Hohn.

Doch drinnen sitzt man gern zusammen,
erinnert sich vergang´ner Zeit.
Kaum hat der Winter angefangen
schätzt wieder man Gemütlichkeit.

Gemeinsam sein bei seinen Lieben
bei Tee und Feuer im Kamin.
Die Kälte ist draußen geblieben.
So zieht der Winter still dahin.

Blutmond

Es kündet im November rot
der Blutmond von Verderbnis, Not,
die in dem Nebelschwaden schweben
und sich draus wie Gespenster heben.

In diesem düstern grauen Schweigen
tanzt scheinbar bald ein Geisterreigen.
Sie wogen hin und her im Finster,
in ihren weißen Tuchgespinster.

Der Mond versteckt sich vor dem allen
bald hinter schwarzen Wolkenballen,
dass nun erhellt sein fahles Licht
den Dunstschleier am Boden nicht.

Da nichts ist richtig mehr zu schauen
packt mich mit Gänsehaut das Grauen,
spür eisig Schattenhände auch,
wenn´s auch nur ist der Herbstwindhauch.

Dass mir im Düstern nichts geschieht
pfeif ich mir laut ein fröhlich Lied.

Nun wo verkürzt sich jeder Tag,
den Morgen keiner richtig mag,
erst recht nicht hin zum Wecker schauen,
der stört im schummrig´ Morgengrauen.

Morgengrauen

Den Morgen graut´s
vorm frühen Tag,
weil er so früh nicht aufsteh´n mag.

Erst wenn das trübe Grau vergeht,
die Sonne hoch am Himmel steht
denkt er sich so im hellen Schein:
So schön kann auch ein Morgen sein!

November

Trüb ist es nun die meiste Zeit
und der Winter nicht mehr weit.

Wuchernd grau wie feuchter Schimmel
hängen Wolken tief am Himmel.
Regen steht auf dem Programm,
macht mit Nässe alles klamm.
Überall liegt braunes Laub,
wenn der Nachtfrost geht auf Raub
und auf Wiesen sieht man Reif,
der macht Trockenwäsche steif.

Kälte kriecht durch jede Ritze
und es friert die Nasenspitze,
auch wenn man ist dick vermummt.
Zwischenmenschliches verstummt.
Jeder nur vorbei noch hetzt,
weil er will ins Warme jetzt.

Doch auch Gutes hat die Zeit
pflegt sie doch Gemeinsamkeit,
denn zuhaus´ im warmen Heim
ist man nun nicht mehr allein.
Zu dem lodernden Kamin
zieht es alle Menschen hin,
und im flackernd´ Feuerschein
lässt´s sich gut zusammen sein.

Man erzählt sich dort Geschichten,
kann von Neuem auch berichten
und erinnert sich an´s Spiel,
was früher allen gefiel.
Wieder greift zum Instrumente
im gemütlichen Ambiente
einer und ein Chor erklingt,
weil ein jeder gern mitsingt.

So rückt man sich wieder nah,
was so selten noch geschah,
als des Sommers helle Sonne
uns ins Freie lockt´ mit Wonne.

Und man denkt im warmen Heim:
Es kann lang November sein!

Novemberabend

Am Stövchen summt mir leis´ der Tee
und draußen fällt der erste Schnee
mit Regen, nass in dicken Flocken,
die niemanden nach draußen locken.

Auch ich bleib in der Stube drin
beim knisternd´ Feuer im Kamin
und bei Musik, die klimpert leise
so manche ganz verträumte Weise.

Ich sinne nach, still ich verharre
beim Rauch, der steigt von der Zigarre,
vermischt mit Duft von Stumpenkerzen
in meiner Welt voll Sehnsuchtsschmerzen.

Und ganz ohne Gewissensbisse
weiß ich, was ich dabei vermisse,
wenn die Gedanken geh 'n zurück
an alte Zeiten voller Glück,
in den ich mich noch wollte trauen
ein Luftschloss für uns zwei zu bauen.

Dort wollten wir zu zweit verweilen,
die Träume miteinander teilen,
um dir tief in die Augen schauen,
vielleicht mich gar zum Kusse trauen.
Könnt´ schmusen und mich an dich schmiegen,
mich fallenlassen, herzen, lieben,
Gefühle frei an dich verschenken
an jetzt und nicht an morgen denken.

Ich sehn´ mich irgendwie nach dir,
und hätt´ dich gern jetzt neben mir.

Der Kandis knistert leis´ im Tee
und draußen macht es weiß der Schnee.
Zwar wird er schmelzen und vergeh´n,
wie auch mein Traum.

Doch war er schön.

So wohlig warm ist es hier drinnen,
genau wie auch in mir jetzt innen.

Sentimental

Ist es denn wirklich noch normal,
dass man wird so sentimental
und lässt Gefühle sich befrei´n,
wenn die Natur schläft langsam ein?

Ist es die frühe Dunkelheit,
die uns so leicht vom Zwang befreit,
was in uns schlummert zu verstecken,
und unsre Träume zu entdecken?

Vielleicht, weil Stille macht sich breit
in dieser dunklen Jahreszeit,
vielleicht, weil Eile, Hektik ruh´n
und man hat mit sich selbst zu tun.

Dann können die Gedanken fließen
und die Erinnerung genießen,
an alles Schöne, was man wollte,
an alles Schöne, das sein sollte.

Trotz Wehmut aber findet man
auch alles Schöne, was gelang.

Nachtfrost

Der Nachtfrost seinen Pinsel schwingt
und malt die Blätter rot, gelb, braun
an Büschen und an jedem Baum.
Der Wind vergnügt sein Liedchen singt.

Dann glitzert früh der Morgentau,
wenn dämmert auf das Dunkel,
als Raureif wie Karfunkel
und macht mit Eis die Blätter rau.

Wenn stiehlt sich nun die Sonne
zaghaft auch noch empor
ein schöner Herbsttag steht bevor,
im golden Schein voll Wonne.

Doch leider wird bald trüb das Licht.
Der Wind, der treibt von Westen her
ein großes Wolkenschiffe Heer.
Im Dunst vergeht die Sicht.

Am Himmel dunkle Wolkenballen
hängen so tief, fast zum Berühren.
Die feuchte Luft ist kühl zu spüren,
bis bald die Regentropfen fallen.

Der prasselt nieder auf die Erden,
und nimmt die bunten Fähnchen mit.
Die dämpfen dann des Wandrers Schritt
wenn sie zum Flickenteppich werden.

Wie frisch gewaschen riecht die Luft.
Des Herbstes langsames Vergehen
ist auch an Pfützen, Schlamm zu sehen
und Moder mischt sich mit im Duft.

So scheidet langsam nun das Jahr,
nimmt Abschied von der Wärme.
Des Nachts da funkeln dann die Sterne
wenn frostig auch der Himmel klar.

Einbrecher

Im Herbst am Notruftelefon
hört man der Omas ängstlich Ton:

„Herr Wachtmeister, Herr Polizist!
bei mir vorm Haus ein Fremder ist.
Noch steht der Bösewicht im Garten.
Kommt schnell, ich kann nicht länger warten!"

    „Was tut er denn, was hat er vor?
    Ich höre zu und bin ganz Ohr."

„Am besten müssen sie es schau´n:
All´ meine Pflanzen sind schon braun.
Ich ahnt´ es schon nach dieser Nacht.
dass er es kalt und eisig macht."

    „Das Wetter ist mir einerlei
    dafür kommt nicht die Polizei!"

„Ja, worauf wollen Sie denn warten?
Er ist doch schon in meinem Garten!
Und ich befürchte deshalb grad,
ein „Wintereinbruch" er vor hat!
Wenn er erst kommt hinein ins Haus,
dann fällt die Wasserleitung aus."

    „Wenn sie die Heizung höher stellen,
    brauchten sie mich jetzt nicht anschellen!"

„Warum soll ich es wärmer stellen?
Doch nicht für diesen Kriminellen,
der in der kalten Dunkelheit
zum Einbruch macht sich grad bereit.
Wozu erzähle ich den Kindern
die Polizei wird das verhindern,
kann euch vertrauen unbenommen...
Ihr solltet schnellstens zu mir kommen!"

    „Den Winter beim Einbruch zu fassen
    sogar wir müssen ´s bleiben lassen.
    Trinkt lieber einen heißen Tee,
    wenn er ist da mit Eis und Schnee."

Winteranfang

Das Laub fällt von den Bäumen,
die schon vom Frühling träumen,
bedeckt als Teppich bald den Wald.

Des Winters kalter Frost kommt bald.

Der Kälte alle fliehen.
Tief graue Wolken ziehen
mit stetig fallend Regentropfen,
die raschelnd auf das Laub hin tropfen.

Nasskalt weht Wind von Westen
und holt von letzten Ästen
des Herbstes bunte Wimpel weg.

Ein Eichhörnchen springt munter, keck,
und lässt sich nicht abschrecken
um Vorrat zu verstecken:
Bucheckern sowie Haselnuss,
auch Eicheln sind ihm ein Genuss.

Die werden gut versteckt
dass keiner sie entdeckt
und es auch in der Winterszeit
hat was zum Knabbern noch bereit.

Doch manchmal ist der Ort,
der dient als Nahrungshort,
so trefflich und geheim gewählt,
das er, trotz Suche, wird verfehlt.

Und wenn ihn findet nicht die Maus,
dann treibt ein Baum im Frühling aus.

Kalter Dieb

Da hat sich doch auf leisen Sohlen
der Winter heimlich reingestohlen
und stiehlt uns täglich manches Stundlein,
die Wärme, Farben und Gesundsein

Erst traut er sich nur her bei Nacht,
wenn ihn die Sonne nicht bewacht,
schleicht frostig durch das Feld, den Wald
und macht mit Reif die Pflanzen kalt.

Beim ersten frühen Morgengrauen
ist meistens er dann abgehauen
und dass nichts von den Taten kündet
hat Nebelkerzen er gezündet.

Doch mit der Zeit wird er dann keck
und geht am Morgen nicht mehr weg,
verlangt nach Schal und Pudelmütze
mit Eis auf jeder Wasserpfütze.

Doch häufig staunt man dann nicht schlecht,
von Wintersachen passt nichts recht,
denn sie sind scheinbar „eingelaufen".
So müssen wir uns neue kaufen.

Doch tun wir erst nach Winters Willen,
verstreut für Schnupfen er Bazillen,
dass wir für teure Medizin
oft geh 'n zur Apotheke hin.

Mit Kälte haben angefangen
sofort auch Start- und Autopannen.
Wir müssen morgens Eis abstreifen
und brauchen nun auch Winterreifen.

Man traut sich kaum noch aus dem Haus
und sperrt die Kälte lieber aus.
Die Heizung wird hoch aufgedreht,
was kräftig in die Kosten geht.

Auch hat der Winter raffiniert
ein Fest grad jetzt so arrangiert,
dass wir zieh´n los mit Wünschelisten
zu kaufen päckchenweise Kisten.

Auch sonst wird nirgendwo gegeizt,
der Backofen oft vorgeheizt
dass Plätzchen oder Gänsebraten
im Weihnachtsmonat gut geraten.

Sind Lichterketten angebracht
beleuchten sie die ganze Nacht
den Baum, das Haus, die Nachbarschaft,
was sich beim Strom bemerkbar macht:
Im Stromzähler ganz schnell rotiert
das Rädchen, was rast wie geschmiert.

Und geht das Jahr endlich zu Ende,
kommt auf uns zu die Jahreswende,
die freudig wir Sylvester nennen,
um dann Raketen abzubrennen
und Schampus fließen lässt in Strömen,
wofür wir wieder dürfen löhnen.

Und wenn der erste Schnee geräumt
man gleich den Skiurlaub erträumt.
Doch wie erwartet man es schon
ist teuer jetzt die Hauptsaison.

Beherrscht der Winter erst die Welt
greift ständig er zu unserm Geld:
Wir brauchen hier und kaufen dort
und zahlen so in einem fort.

Ihr könnt die Winterszeit verklären
und lässt ihn ungestraft gewähren.
Doch mir wurd´ klar, als ich dies schrieb:

Der Winter ist ein kalter Dieb!

Raureif

Es wehte kalt aus Nordnordost
bei sternenklarer Nacht
Mit Wind kam Kälte und der Frost,
der alles weiß gemacht.

Verzuckert steht nun jeder Baum
vorm blauen Himmelszelt.
Verzaubernd wirkt der Wintertraum
wie eine Märchenwelt.

Es funkelt weiß wie aus Kristall,
es blitzt im Sonnenschein,
mit Eisnadeln wohl überall
lässt´s Raureif glitzern fein.

Auch rechts und links am Wegesrand
die Gräser klirren leis´
Der Winter zieht nun übers Land,
auf Pfützen blinkt das Eis.

Warm eingepackt in dicker Jacke
schreckt Kälte einen nicht,
auch wenn es zwickt in Nase, Backe
und auch was im Gesicht.

Mit dickem Schal und Pudelmütze
fühlt man sich herrlich frei
und schliddert über jede Pfütze
als ob man Kind noch sei.

Wenn jetzt auch noch Schneeflocken fielen,
wär´s wie ein Kindertraum.
Ich würd´ mit kindlichen Gefühlen
glatt einen Schneemann bau´n.

Kalter Besuch

Es hängt im Baum manch trocknes Blatt.
Frisch weht es kalt von Westen,
bis dieses fegt der Wind herab
und pfeift in kahlen Ästen.

Nachts wird mit Raureif er geschmückt,
verzuckert jeder Zweig,
in dem das Licht sich bunt verzückt
durch Sonnens Fingerzeig.

Und eine dünne Schicht aus Eis
zieht gläsern über Pfützen
wie auch der Glockenturm ist weiß
mit einer glitzernd Mützen.

Noch sich die Wolkenballen türmen
hintern dem Kamm der Berge,
lauernd, um bald zu stürmen
mit Schneekristall als Scherge.

Die wirbeln bald im kalten Wind
und fangen Farben ein
bis Braun und Graues weiß bald sind
im fahlen Abendschein.

Bald ist die Erde zugedeckt
mit einem weißen Tuch
darunter alles ist versteckt,
wenn Winter zu Besuch.

Kalt glitzernd liegt nun die Natur
im hellen Mondenschein.
Gedämpfte Töne hört man nur.
Wie friedlich kann es sein.

Ganz eisig wird die klare Nacht,
Sternschnuppen Bahnen ziehen.
So schön es auch der Winter macht
wir doch ins Warme fliehen
und freuen uns in frohem Kreis,

dass er uns hergetrieben,
derweil es draußen kalt und weiß,
weil wir bei unsern Lieben.

Schmuddelwetter

Halbzerfall´ne Herbstlaubblätter
machen Wege glitschig glatt,
denn es herrsch heut´ Schmuddelwetter,
und der Himmel grau und matt.

Feiner Regen nieselt nieder
auf die Reste von dem Schnee
und es fröstelt einen wieder.
Wind weht über die Chaussee.

Dick vermummt in Daunenjacke,
die Kapuze übern Kopf.
Wer jetzt rausgeht hat ´ne Macke,
oder ist ein armer Tropf.

Doch der Hund muss vor die Tür,
Gassi geh´ dreimal am Tag,
sein Bedürfnis steht dafür,
auch wenn man es gar nicht mag.

Auch der Hund scheint ´s nicht zu mögen,
Gassi gehen wird so schwer.
Er schlägt immer wieder Bögen
und zieht hinter sich mich her.

Er will heim mit nassem Felle,
und auch ich wär gern daheim.
Auch wenn er will heimwärts schnelle -
sein Geschäftchen muss erst sein.

Wenn er sich nur einmal setzte,
oder hebt am Baum sein Bein,
doch vergebens...
Erst das letzte
Bäumchen darf es schließlich sein.

Dieses steht in meinem Garten
wo er sein Geschäft nun macht.
von wo aus wir immer starten.

Hätt´ ich doch gleich dran gedacht...

Ein Pfälzer fürchtet bei Grad 4
dass ihm der Wein im Glas gefrier´.

Tiefster Winter in der Pfalz

Zeigt ´s Thermometer an Grad 10
wir in der Pfalz schon Winter seh´n
und bleiben, wenn es fällt auf 9
am liebsten nun zuhaus´ daheim.
Sinkt es gar tiefer bis zu 8,
wird dann der Ofen angemacht.

Doch wird ´s noch kälter, knapp Grad 7,
wird lieber gleich im Bett geblieben
und hat dort, zeigt es nur noch 6,
mit seinem Weib auch kein´... Komplex,
wenn zieht für ´s Bett man woll´ne Strümpf´
bei Temp´raturen an um 5.

Doch ab und an muss man doch halt
hinaus, auch wenn es noch so kalt.

Die 4 Grad kann man grad noch packen
in dick gefüttert Daunenjacken,
doch spätestens wenn ´s nur noch 3,
und tiefer noch - oh Schreck - bei 2,
wenn schon gefrieren leicht die Pfützen,
braucht man auch Schal und Pudelmützen.

Weist ´s Thermometer 1 Grad aus,
traut man sich nicht mehr aus dem Haus.
Leer sind die Straßen und die Plätzen.
Vom tiefsten Winter alle schwätzen,
weil Eis befürchtet wird und Schnee,
denn klirrend 0 Grad tut uns weh.

Noch kälter wird es meistens nicht.
Drum endet hier auch mein Gedicht,
denn bald schon hat der Pfälzer Glück,
dass schnell der Frühling kehrt zurück
und auch am Thermometer dann
das Quecksilber hoch klettern kann,
so dass im warmen Sonnenschein
genießen kann er seinen Wein.

Die Durchschnittstemperatur in der Südpfalz liegt bei 11 Grad.

Vollmondnacht

Am Himmel droben hat die Bleibe
der Mond, als runde, leuchtend Scheibe.
Erst weiter weg von ihm, in Ferne,
sieht funkeln man ganz schwach die Sterne.

Sein kaltes, weißes Licht die Nacht
fast hell es wie am Tage macht,
und sich bizarr die Schatten zeigen
von dürren Ästen oder Zweigen.

In dieser klaren Vollmondnacht
hat weiß der Winter es gemacht.

Ein weißer Teppich wie aus Samt
bedeckt das Leben insgesamt,
bedeckt die ganze weite Flur,
dass schläft darunter die Natur.

Die Luft ist eisig schneidend kalt.
Dort über ´n dunklen, kahlen Wald
wölbt sich die Himmelshalle,
drin tanzen Schneekristalle.

Da funkelt es in kleinen Blitzen
von Bäumen und von Sträuchern hell.

Ich kommen langsam nun ins Schwitzen,
denn ich will heim nur schnell,
wo Wärme ist und, wohlvertraut,
mich dampfend ein Glas Grog anschaut.

Grog

Rum ist ein „Muss“,
Kandis ein „Kann“,
Wasser ist Stuss,
für ´n steifen Grog dann.

Feuerzangenbowle

Wenn draußen Kälte klirrt und beißt,
da hab´ ich einen Wunsch
der Feuerzangenbowle heißt.
Komm, mach uns diesen Punsch.

Der rote Wein muss heiß erst sein,
dann drauf den Zuckerhut,
getränkt wird er mit Rum noch fein,
dass brennen er auch tut.

Und in den Sud Gewürzte dann
von Nelken, Anis, Zimt,
Orangensaft kommt auch was dran,
auch man Zitronen nimmt.

Dann wird es schummrig in dem Raum,
der Zuckerhut entflammt,
man sieht die blaue Flamme kaum,
wenn Rum wird abgebrannt.

Ein Duft so süß wie Feentraum,
benebelnd das Gemüt.
Wenn er erfüllt den ganzen Raum
man Engel tanzen sieht.

Und nimmt man dann das erste Schlückchen
das wohlig süß rinnt in den Bauch,
erlebt man gleich vom Glück ein Stückchen
das uns entrückt dem Alltag auch.

Man gleich noch eines nehmen muss,
Gedanken träumend ziehen,
und erst das dritte - welch´ Genuss -
lässt uns der Welt entfliehen.

Doch nun genießt ihn mit Bedacht!
Man muss nicht streng sein wie ein Pater -
doch wer zu viel trinkt in der Nacht,
hat morgens einen bösen Kater.

Zaubertrank

Mit Rotwein, Gewürzen und Rum, Zuckerhut,
da schmeckt uns der Zaubertrank winters gar gut.

Vom Geist und Aroma bald gänzlich durchgedrungen
hebt er unsre Stimmung und löst uns die Zungen.

An süßheißem Tranke ein jeder gern labt,
bis schließlich er mehr als ein Glas nur gehabt.

Und schöne Erinnerung schwebt durch den Raum,
an die man schon lange gedacht hatte kaum.

Man neigt sich zum Nachbarn, rückt näher zusammen,
vom Weinhauch und Freundschaft ganz eng bald umfangen.

Die Tagesprobleme, die schrumpfen zu Zwergen,
die winzig sich hinter dem Frohsinn verbergen.

Ein Zauber, der lässt unser Herz überfließen,
und Freude am Leben wird wahrlich zum Riesen.

Eierpunsch

Im Winter ist mein größter Wunsch,
aus Eiern wird ein Eierpunsch,
denn Branntwein in der gelben Masse
verleiht den Eiern doch erst Klasse.

Dazu, weshalb man dafür schwärmt,
er auch bei Frost am besten wärmt,
fühlt wohlig an sich dann im Bauch
und das Gehirn erhitzt er auch.

Wird durch den Punsch man leicht beschwipst
schießt in den Sinn es und dann itzt
hat man auf einmal dumme Reime,
wie einfallen mir doch sonst keine.

Und schließlich müsst ihr es ertragen,
das ich mich trau´ sie vorzutragen.

Wundertrank

Gar seltsam ist ´s, dass nur darum,
weil paar Gewürze und was Rum
in rotem Wein, den man erhitzt
gleich steigern Spaß, Humor und Witz.

Vielleicht ist ´s auch der Zuckerhut,
der da zerschmilzt in Feuersglut,
dass Fröhlichkeit glatt überschäumt
und jeder fühlt sich aufgeräumt.

Vom Kupferkessels blaues Licht
befreit Gedanken einfach schlicht,
verzaubert uns und ihm entschwebt
ein Wohlgefühl, wie gut man lebt.

Schon möglich, denke ich im Stillen,
bewirken auch die paar Promillen,
dass sich so öffnet Sinn und Geist,
was sich in Wort und Spruch beweist.

Egal, was an dem Wundertranke
ich meinem Übermut verdanke,
denn ich hab einfach nur entdeckt,
dass er mir wunderbar gut schmeckt.

Vom schönen Rausch brauch ich noch mehr,
drum reicht ein weit´res Glas mir her!

Blitzeis

Sinkt unter Null die Temperatur
gibt es statt Wasser Eis noch nur.
Unsanft wird´s jedem eingeblaut,
wenn´s ihn auf glattem Eis hinhaut.

Auch Autofahrern oft bei Frost
es Beulen an sein ‘m Auto kost´,
wenn Kurven er zu schnell genommen
und von der Straßen abgekommen.

Selbst wenn die Sonne Tags auf Auen,
versucht das Eis mal aufzutauen -
kommt gleich zurück die Kälte wieder,
kaum senkt die Dunkelheit sich nieder.

Drum merket auf:

Ist´s draußen kalt
ihr bis zum Morgen es aushalt,
bis dass die Sonne früh aufgeht
und Wasser auf den Straßen steht!

Eiszapfen

Am Hausdach hängt er
lang und spitz
wie Glas im Frost.

Ein Sonnenblitz
bricht sich im Eis.

Mit Perfidie
macht dünner das ihn
irgendwie.

Weißer Winter – oft erhofft -
gibt es bei uns nicht so oft.
Nur wenn Kälte eisig klirrt,
sich mal Schnee zu uns verirrt.

Verirrter Schnee

Unbemerkt von weiter Ferne
kommen heimlich weiße Sterne,
die grad Kinder so ersehnen.
Und die kalte Winterpracht
still und ruhig alles macht,
wenn die eisig Winde wehen.

Schnee hat sich zu uns verirrt,
von dem Winterwind verwirrt,
verzaubert alles mit Kristall.
Schon lange warten da am Bache
die Eiszapfen in stiller Wache
dass Winter wird all überall.

Was da geschah still in der Nacht
zeigt morgens sich als weißen Pracht.
Die Kinder staunend nicht nur schauen,
sie stürmen zu der Schneeballschlacht.
Mit Rodelschlitten geht´s dann sacht,
um Schneemänner zu bauen.

Bald steh´n sie rund, mal groß, mal klein,
als Bauwerke für´s Glücklichsein.
Und dass sie lachen im Gesicht,
so wie die Kinder laut frohlocken
wenn wieder rieseln die Schneeflocken,
da fehlt auch Kohle, Rübe nicht.

Nur wenn des Nachts der Mond dann scheint
ein Häschen vor dem Schneemann weint,
denn an die Rübe, lecker fein,
die dort im Kopf als Nase steckt
als der Begierde Wunschobjekt,
kommt es nicht ran. - Es ist zu klein.

Feenwunsch

Ganz leise fällt der erste Schnee.
und es verbreitet sich nun Stille.
Fast märchenhaft sieht es so aus,
im Wald, auf Wiesen, Stadt und Haus.
Und wenn ich zaubern könnt´, wär´ es mein Wille,
dass dir erscheint die gute Fee.

Weiß zugedeckt wird, was mal war,
der Lärm, der Schmutz und die Natur.
Schließ mal die Augen, schweige nun,
vielleicht wird sich ein Wunder tun
und schwinden wird im weißen Flur,
was alles war im letzten Jahr.

Was du erträumst, dass soll geschehen,
was zauberhaft, was herrlich ist.
Blicke nach vorn, schau nicht zurück,
vielleicht erkennst du bald dein Glück,
dass wunschlos du zufrieden bist.

Dein Traum soll in Erfüllung gehen!

Weißer Zauber

Wenn es denn zur Winterszeit
endlich auch mal tüchtig schneit
und durch weißen Kappenhaube
wir an „Weiße Weihnacht" glauben,
die auf Zäunen und auf Bäumen
schmale Wege weiß besäumen,
dann sind Kinder nicht zu halten.
Wollen Schnee zum Mann gestalten,
Schlittenfahren, Schneeballschlacht,
dass das Kinderherz froh lacht.

Auch bei Großen kann der Segen
manches Herz fröhlich bewegen
und Erinn´rung mannigfach
an die Jugend wird gleich wach,
als man selber konnt´ genießen,
Schlittschuhlaufen, Eisstockschießen.

Zudem noch die weiße Pracht
alles etwas stiller macht,
denn gedämpft ist nun der Ton.
Langsamer die Zeit geht schon,
dass man plötzlich will verweilen,
statt wie sonst hektisch zu eilen.

Man besinnt sich. Durch die Pracht
man einen Spaziergang macht
und mit großen Augen neu
sich an dieser Pracht erfreu´,
die wie Puderzucker weiß
glitzernd in der Sonne gleißt.

Um das Schöne zu begreifen,
lässt man die Gedanken schweifen...

    ... wird dann plötzlich kalt erwischt,
    weil ein Schneeball her gezischt,
    und man gleich, nicht nur am Rande
    tobt mit bei der Rasselbande.

Schnee

„Es hat geschneit die ganze Nacht!"
die Kinder jubeln – kaum erwacht.

Mir kommt das nicht so sehr gelegen,
weil ich muss nun die Straße fegen,
auch ´s Auto mit der Schneeberghauben
muss mit dem Besen ich abstauben.

Das dauert gut ´ne viertel Stunden,
bis ich den Schneeschieber gefunden,
und unter schneebedeckten Bäumen
beginnen kann, den Weg zu räumen.

Jedoch wohin soll ich die Massen
des Schnees am Ende denn nur lassen?
Entweder kommt man nicht ins Haus
oder mein Auto passt nicht raus.

Das einzige, wo´s wirklich geht,
das wär´ auf Nachbars Blumenbeet.
Als endlich ist mein Werk vollbracht
ein Riesenberg dort breit sich macht.

Zur Arbeit hin mein Auto dieselt
als Schnee schon wieder erdwärts rieselt.
So unterwegs hab ich gedenkt,
ob wohl mein Nachbarn ist gekränkt?
Ob wütend er ist ausgeflippt
und hat den Schnee zurück geschippt?
Soll etwa ich vom Schnee die Massen
im Garten hinterm Hause lassen?

Doch wenn´s nicht anders gehen tut
führ´ ich mit ihm heftig Disput,
bis dass sein Widerstand verschwindet!

Doch war die Sorge unbegründet:

Die Kinder bauten aus dem Berg
´nen Schneemann – hübsch mit Zweigenwerk,
mit Rübe und mit Kohlenstücken
zu Nachbars Freude und Entzücken.

Und weil es schneit die nächsten Tage,
ich die Prognose jetzt schon wage,
dass dann in Nachbars Blumenbeet
bald ´ne Schneemannfamilie steht.

Gefroren

Hoch droben auf den Tannenspitzen,
kristallbestäubt und leicht verschneit,
sieht man´s wie silbern Sternlein blitzen.
Gefroren hat es – Winterszeit

Der Hase hoppelt über ´n Schnee,
schlägt Haken voller Wonne,
und spiegelblank liegt still der See,
gefroren in der Sonne.

Am Waldesrand das Reh beäugt
Geäst, verziert auf Bäumen,
die, puderzuckrig dick bestreut,
gefror 'ner Reif umsäumen.

Das Bächlein gurgelt durch den Hardt,
gesäumt mit funkelnd´ Rand,
Eiszapfen sind dort schon erstarrt,
gefror 'n zum Diamant.

Das Kirchlein trägt die Haube Schnee,
ein Psalm dringt zu den Ohren,
an bunten Fenstern in der Höh´
Eisblumen sind gefroren.

Im weichen Schnee bricht sich das Licht
in tausend Glitzersterne.
Den Schneemann stört die Kälte nicht,
gefroren hat er´s gerne.

Ein Zecher aber, der die Nacht
tat sich am Weine laben,
bemerkt im Schnee, früh aufgewacht,
er liegt erfror 'n im Graben.

Tiefpunkt

Verkündet Fritzchen lauthals allen:
„Das Thermometer ist gefallen!"

„Was du mit dem Geschrei uns plagst
und mir dabei nichts neues sagst",
der Vater schimpft am Frühstückstisch
und meint dann besserwisserisch:

„Ein Blick nach draußen hätt genügt",
er etwas grummelnd Fritzchen rügt,
„denn Schnee des meistens nur bleibt liegen
wenn Celsiusgrade abgestiegen.

Schon als ich Nächtens aufgewacht
da rieselte der Schnee ganz sacht
und klirrend kalt durchs Fenster kam
der Wind, der mir den Atem nahm.
Als erstes schloss ich fest es zu
und wärmer wurde es im Nu.

Ich schlich zum Bad und merkte bald
auch hier war es nun ziemlich kalt,
so dass ich, weil ich kein Asket,
die Heizung habe hochgedreht.
Auch muss bei Frost man reagieren,
dass nicht das Wasser will gefrieren.

Noch morgens strich es kalt ums Haus,
doch leider musste ich hinaus,
denn ziemlich früh, so kurz nach Sieben
musst´ ich den Weg vom Schnee freischieben,
wobei die ungeschützten Ohren
mir sind beinahe abgefroren.

Doch leider musst´ ich länger bleiben
um freizukratzen Autoscheiben,
denn alle waren zu und weiß
voll Schnee und leider auch von Eis.

Es ist der Wind dort aus Nordost,
der uns die Kälte bringt und Frost.

Der Tiefpunkt ist noch nicht erreicht,
noch kälter werden kann es leicht.
Erzähle mir viel lieber später,
wenn wieder steigt das Thermometer."

„Das wird nicht geh 'n", Fritzchen erbleicht.
„Das hat den Tiefpunkt längst erreicht.
Von dem ist nichts mehr abzulesen –
das Thermometer ist gewesen,
es ist zersplittert und zerfallen...

Es ist mir aus der Hand gefallen."

Pudelmütze

Der Winter hat, kurz vor Weihnacht,
mit Schnee die Gegend weiß gemacht.
Es klirrt vor Kälte Stein und Bein
und jeder will im Warmen sein.

Der Pudel Fips, den jeder liebt,
bellt laut umher und jault und fiept,
bis Mama meint: „Kann keiner seh´n,
der Hund, der muss mal Gassi geh 'n!"

Die Lisa macht ´nen Schmollemund:
„Ich helfe der Mama grade... und
der Hansi nur im Weg rumsteht:
Er drum mit Fips gleich Gassi geht."

Zu wehren sich hat keinen Zweck,
er muss mit Fips draußen ums Eck
und schleicht mit Jacke, Schal zum Haus
samt Pudel in die Kälte raus.

Den kleinen Hund der Schnee verwirrt,
als Hansi mit ihm so ´rumirrt,

weshalb es dauert lange Zeit
bis der für sein Geschäft bereit.

Ganz eisig weht der Winterwind
und frösteln tun bald Hund und Kind.
Da Handschuh´ nahm mit Hansi keine,
frier 'n ihm die Händ´ samt Hundeleine.
Auch sind ganz rot schon seine Ohren,
die bei der Kälte fast gefroren.

Der Junge hat die Qual der Wahl:
Tut um die Ohren er den Schal,
friert er am Hals erbärmlich bald –
sonst bleiben halt die Ohren kalt.

Dem Pudel auch im kalten Schnee,
dem taten bald die Pfoten weh,
dass er nun jault ganz jämmerlich
bis Hansi hat erbarmet sich.

Er hebt den Fips vom Boden auf
und setzt ihn sich als Mütze auf,
dass oben auf des Hansis Kopf
nun thront ein Puschelpudelkopf.

Das wärmt ihm droben und das Ohr,
wie auch der Pudel nicht mehr fror.
Zudem kann er damit bezwecken
nun seine Hände wegzustecken.

Als er nach Hause so gekommen,
hat Lisas Spott er gleich vernommen:
Er säh´ aus wie ein armer Tropf
mit einem Pudel auf dem Kopf.

Doch Mama schmunzelt nur ganz fein,
weil ihr fiel ein Geschenk da ein.

So kriegt zur Weihnacht Hansi dann
´ne Strickmütze mit Puschel dran.
Der bommelt oben auf dem Ding,
wenn er mit Fips nun Gassi ging.

Weil Hansi von der Mütze schwärmt,
die ihm die Ohren herrlich wärmt,
bald Freunde ihm Bewund´rung zollten...
und alle Pudelmützen wollten.

So kam während der Frostperiode
die Pudelmütze schnell in Mode.

Wintermorgen

Es hat geschneit die ganze Nacht.

Nun zeigt sich alle Winterpracht
mit weißbestäubten Ästen, Zweigen
die unter Schneelast sich fast neigen.

Auch sonst ist alles zugedeckt
und unter dichtem Schnee versteckt.
Das braune Laub, der Matsch und Dreck
sind nach der Regenzeit nun weg.

Als sei der Alltag mit verborgen
herrscht Stille so am frühen Morgen.

Am Thermometer Minusgrad.
Zum Vogelhaus kein Vöglein naht,
auch von den Katzen sieht man nur
im Schnee eine verschneite Spur.

Bis dort am fernen Horizont
die Sonne aus dem Bette kommt.
Zuerst mit rosa Wolkenhauch,
der zieht am Himmel fort wie Rauch,
dann steigt sie hoch zum Firmament
als strahlender Winterregent,
wodurch ihr Schein sich langsam ändert,
dass Baum und Strauch scheint goldgerändert.

Das Dorf glänzt in der Morgensonne,
und Ruhe herrscht noch voller Wonne,
die nur ein frischer Wind durchstreift,

der Schilf am Anger weiß bereift.
Ein Bach noch murmelt fern und leise
von seiner langen, kalten Reise.

Geschnatter dann von irgendwo.

Wohl Gänse, die nun schnattern froh,
weil sie entgingen dem Garaus
für einen leck´ren Festtagsschmaus.

Gedichte und Reimereien über die Advents- und
Weihnachtszeit finden sich in einem Extraband
„Weihnacht, einmal anders",

ISBN 978-3-7481-3795-5 im BOD-Verlag und Buchhandel

Wille Diwisch

Weihnacht, einmal anders

Maler Frost

Wenn sich der Malersmann Herr Frost
des nachts schleicht zu uns kalt von Ost
und malt mit Weiß Bäume und Wiesen,
wir dies am Morgen meist genießen.

Vor allem Kinder, die ´s erschauen,
woll´n draußen gleich ´nen Schneemann bau´n.
auch Rodelschlitten, ganz geschwind,
holt aus dem Keller jedes Kind.

Von „Weißer Weihnacht" Oma schwärmt,
die sich die Händ´ am Teeglas wärmt,
worüber Opa fast muss lachen,
um den Kamin doch anzumachen.

Der Mamas Freude zweigeteilt
als sie zur Speisekammer eilt,
ob dort der Vorrat nur ein Rest
oder noch ausreicht bis zum Fest.

Nur Papa brummelt: „So ein Mist,
die Straße somit glatt heut ist.
Ich werd´ die Arbeit spät erreichen,
wenn alle langsam nur hinschleichen."

Doch schon was später, ein paar Stunden,
ist diese weiße Pracht verschwunden.
und schmutzig graubraun, wohlvertraut,
sieht ´s draußen aus, wenn es getaut.

Schneematsch

Wenn es geschneit hat über Nacht
hofft man auf weiße Winterpracht.
Doch wenn ich aus dem Fenster schau´,
liegt dort nur Schneematsch, schmutzig grau.

Nichts ist´s mit Schneemannbau´n im Garten,
worauf die Kinder lang schon warten,
und leider eine Schneeballschlacht
man mit dem bisschen auch nicht macht.

Der Straßendienst, der freut sich bloß,
das Streufahrzeug fährt heut´ nicht los,
weil doch nur Matsch zum Rinnstein spritzt,
sobald ein Auto drüber flitzt.

Auch ich muss keinen Schnee wegschieben,
weil davon nichts liegen geblieben.
Nur Wasserpfützen steh´n auf Wegen
wie es sonst ist nach starkem Regen.

Doch leider gilt das nur für heut´.
Man hat sich viel zu früh gefreut,
wenn nachts sinkt ab die Temp´ratur
und eisig wird´s auf weiter Flur.

Denn das bewirkt, wie jeder weiß,
aus Wasser wird dann ganz schnell Eis,
was alles macht gefährlich glatt,
wenn man nicht Salz zum Streuen hat.

Hol ich den Salzstreuer schon raus?

Doch besser noch - ich bleib zuhaus´.

Zwischen den Jahren

Das Jahr neigt sich dem Ende zu
und gibt nun endlich etwas Ruh,
um Hast und Trubel zu entrinnen
und sich auf Weihnacht zu besinnen.

Nach stressigen Geschäftsabschluss
folgt´ Einkaufshetze zum Verdruss,
doch schließlich will man etwas schenken,
zu zeigen, dass wir an sie denken.

Geschenkpapier und Weihnachtsschmuck
und gehen muss es stets ruckzuck,
so dass mit letzter Kräfte Rest
man feiert dann das Weihnachtsfest.

Vielleicht merkt man beim Weihnachtsbaum
Gemeinsamkeit ist doch kein Traum
und in dem milden Schein der Kerzen
wird wieder warm es in den Herzen.

Wenn ist vorbei die Heilig Nacht.
ist bald das alte Jahr vollbracht,
das gab uns eigentlich auch Gutes,
was stimmt uns etwas frohen Mutes.

Doch eh´ wir dem Gefühl verfallen
und Neujahr wieder Böller knallen
muss man in Kaufhäuser reinrauschen,
falsche Geschenke schnell umtauschen.

Auch muss die kurze Zeit man nutzen
im Haushalt auch etwas zu putzen:
Die Tannennadeln aufzusaugen
und Ruß der Kerzen abzustauben.

Auch Abendkleid und Smoking richten,
- auf´s Essen nun beinah verzichten,
damit das passt auf jeden Fall -
zum festlichen Sylvesterball.

Wird der Kalender schließlich leer
wünscht man das neue Jahr sich her
und dass nun diesmal ganz bestimmt
gelingt was man sich stets vornimmt:
　　Mehr Zeit für die Gemeinsamkeit,
　　für Ruhe und Gelassenheit.

Endspurt

So ist es jedes Jahr doch immer:
Wird der Kalender immer dünner
nimmt stetig auch die Hetze zu.
vorbei sind Müßiggang und Ruh´.

Man hatt´ so viel sich vorgenommen,
bevor der letzte Tag wird kommen,
weshalb erledigt man und macht,
was bisher man noch nicht vollbracht.

　　Und viel zu tun steht auf der Listen:
　　Den Keller endlich mal ausmisten,
　　den Garten winterfest zu machen,
　　der Einkauf von Sylvestersachen,
　　aufräumen, putzen und sortieren,
　　herumwerkeln und reparieren,
　　die Post erledigen und schreiben,
　　Schulden bezahlen und eintreiben.
　　Zu vieles gibt es noch zu tun...
　　doch naht das Jahresende nun.

Dann ist es da: - Ein letztes Blatt
man am Kalender nur noch hat.
Und man stellt fest, man hätt´ beizeiten
schon vieles können vorbereiten,
auf dass sich bis zum Jahresende
so manches noch zum Guten wende.

　　Nun ist´s zu spät, die Zeit vorbei.
　　Doch folgt darauf ein Jahr ganz neu!!!

Wenn man mal ganz vernünftig denkt
und Aufgaben gleich richtig lenkt,
indem man rechtzeitig beginnt
bevor die Zeit so schnell verrinnt,
man sich nicht mehr so eilen muss,
wenn wieder kommt der Jahresschluss.

Jedoch - bis dahin ist ´s noch weit...
Genießt schön faul die lange Zeit.

Gute Wünsche zum Jahreswechsel

Kaum ist das Weihnachtsfest vorbei
beginn auch schon die Hetzerei,
weil schon so bald vor eurem Tor
das Neue Jahr euch steht bevor.

Da heißt es Vorsätze zu fassen,
den Sekt bereit kühl stehen lassen,
Sylvesterkarpfen zu genießen,
mit Zinn auch das Mirakel gießen.

Ob alle die Wünsche, Prophezeiung
tatsächlich in Einandereihung
nun wirklich in Erfüllung geh 'n
wird man im neuen Jahr dann seh´n.

Ich wünsche Euch für alle Fälle,
dass sie sind eures Glückes Quelle
und sich erfüllt auf jeden Fall
mindestens einer, wenn nicht all.

Kommt nun gesund und froh und heiter
ins neue Jahr nur einfach weiter,
dass wir uns endlich wiederseh´n.
Das wär für alle wunderschön!

Guten Rutsch - A git Rosch

Ein´ "guten Rutsch" ins neue Jahr
hört man als Wunsch zur Jahreswende,
doch jeder hofft, das wird nicht wahr,
dass man im Krankenhaus so ende.

Ein guten Rutsch bei Regen, Frost,
wenn auch der Himmel sternenklar
oft dann die eignen Knochen kost´,
weil glatt wird Straße, Trottoir.

Ganz schnell geschieht es dadurch so,
dass nach der Feier, angeblaut,
man landet unsanft auf dem Po,
weil einem es die Füß´ weghaut.

So nehmen wir den lieben Wunsch
den man zum Jahreswechsel schenkt
statt dass wir ziehen eine Flunsch,
wie ursprünglich er war gedenkt.

Das jüdische Neujahr heißt „Rosch ha Schanah", wörtlich übersetzt "Kopf des Jahres" oder "Anfang des Jahres". Auf Jiddisch wünscht man sich in der Zeit vor und nach dem Feiertag "a git Rosch" (einen guten Kopf, also einen guten Anfang). Man kann davon ausgehen, dass der "gute Rutsch" aus einem weitläufig missverstandenen "git Rosch" entstanden ist.

Silvesterkarpfen

Da schwimmt er in der Regentonne,
der Karpfen, noch mit Lebenswonne
und weiß nicht, dass er bald - oh Graus -
muss hauchen doch sein Leben aus.

Denn er ist für Silvesternacht
als Hauptspeise schon vorgedacht,
weil Schuppen soll 'n laut Glaubensdingen
im neuen Jahr stets Geld einbringen.

Doch nicht allein aus diesem Grund.
Denn Fisch, so sagt man, sei gesund
und schmeckt besonders gut und fein
am Jahreswechsel zum Schaumwein.

Deshalb ist es beschloss´ne Sache,
dass man Silvesterkarpfen mache,
nur weiß die Hausfrau nicht genau,
ob er gebacken oder blau.

Wenn man den Karpfen fragen tät,
- es ist zum Glück noch nicht zu spät -
tät er, da bin ich sicher mir,
bevorzugen viel Schnaps und Bier,
was säuft er literweise schlau
bis er wär stockbesoffen blau,
weil dann er im Delirium
spürt nichts mehr, wenn man bringt ihn um.

Danach, glaub´ ich, wär´s abgeschmackt,
wenn man den „Karpfen blau" doch backt.

Frührentner

Das alte Jahr sitzt beim Glas Sekt
entspannt im Sessel und es sinnt,
die Beine weit von sich gestreckt,
dass bald ein neues Jahr beginnt.

Als es die Arbeit aufgenommen
war es gestartet mit Elan.
Nun ist es in das Jahr´ gekommen
und quält sich müde nur voran.

Es hat sich anfangs schwer bemüht
mit Vorsätzen und Zielen,
doch als die Zeit verfloss verfrüht
es Zweifel nur befielen:

So manches, was es tun hätt´ müssen,
blieb unerledigt auf dem Tisch
und manches, unter Menscheinflüssen,
ging schief, bemerkt es grüblerisch.

Und weiteres war Notbehelf
- Gewissensbisse zwicken.
So fünf Minuten kurz vor zwölf
kann ´s nichts zurecht mehr rücken.

Auch wenn noch große Lücken klaffen
will es nun selbst in Rente geh´n.
Ein neues Jahr muss ran zum Schaffen
und regeln, was noch nicht gescheh´n.

Dafür wurd´ dies frisch eingestellt,
soll die Probleme lösen.
Das alte Jahr tut was gefällt
im Ruhestand, und dösen.

Nun hebt das alte Jahr den Krug,
sich nochmals einzuschenken
und nimmt um 12 ´nen kräft´gen Zug:

„Man muss an Morgen denken!"

285

Jahreswechsel

Der Sekt steht kühl. Zwei Jahre warten,
dass bald der Wechsel sich vollzieht.
Bevor Raketen in den Himmel starten
sinnen sie nach, was bald geschieht.

Dem alten Jahr ist´s eine Qual,
die letzten Stund´ zu überstehen,
weil es doch 365 mal
zu viel von Streit und Leid gesehen.
Es hatt´ sich´s anders vorgestellt,
als es dereinst begonnen.
Doch leider drehte sich die Welt
nicht allzu sehr besonnen.
Mit Grausen denkt das alte Jahr
was Schlimmes ist geschehen,
denn was an schönen Dingen war,
wurd´ dadurch übersehen.

Das neue Jahr sitzt auf dem Sprung,
nun endlich selbst zu starten.
Es ist so unbekümmert jung
und will nicht länger warten.
Mit Neugier, Eifer und Elan
will´s alles besser machen:
Dass Frieden, Freude herrschen kann
und in der Welt mehr Lachen.

An ´s alte Jahr, da denkt es nicht,
vergisst, was einmal war,
verspricht uns Glück und Zuversicht,
darum: „Prosit Neujahr!"

PS: Nur eins sollt´ man dem Neujahr sagen,
in knapp 365 Tagen,
viel länger wird es auch nicht währen,
wird man auch dies zusammenkehren!

Sylvesternacht

Man freut sich auf Silvesternacht,
denn alle schauen gerne
wenn es dann blitzt und donnernd kracht,
nach der Raketen Sterne.

Das soll das Böse laut verjagen,
wenn endlich kommt das neue Jahr,
und Glück uns bringen statt der Plagen,
wovon das alte voll doch war.

Wenn bunte Sterne sind zu seh´n
wird mancher Wunsch sich ausgedacht,
der soll dann in Erfüllung geh 'n
nach der Sylvesternacht.

Mit „Prosit Neujahr" jeder hofft,
den Wunsch zu unterstützen.
Man sagt es jedem gern und oft,
im Sinn: „Es möge nützen".

So wird das Sektglas oft geleert,
oft schenkt man wieder ein,
der Alkohol macht unbeschwert,
die Sorgen werden klein.
Verschwendet wird kein Blick zurück,
erträumt sich bessre Zeiten
und hofft im neuen Jahr aufs Glück
das uns soll dann begleiten.

Doch ist das Feuerwerk verbrannt,
man froh beschwipst und heiter,
wird Neujahrsmorgen dann erkannt:

      Das Leben geht schlicht weiter.

Sylvesterrakete

Im Pappröhrchen mit hölzern Stil.
Schwarzpulver drin - grad nicht zu viel -
liegt die Rakete, jedes Mal,
kurz vor Sylvester im Regal.

Ihr Wunsch ist, denn das ist ihr eigen,
hoch in den Himmel aufzusteigen,
um dort die Menschen zu beglücken,
zu deren staunendem Entzücken.

„Ach ja, ich wär´ nur allzu gern
am Himmel droben auch ein Stern",
träumt sie vom fernen Firmament
mit Böllern dort im Sortiment.

Noch als sie liegt da ganz versonnen,
wird sie gekauft und mit genommen.

In Ungeduld die Zeit verrinnt
bevor das neue Jahr beginnt.
Dann schlägt die Turmuhr 12mal klar
und es ertönt „Prosit Neujahr".

Jetzt braucht sie nicht mehr abzuwarten!
Die Sektflasche dient ihr zum Starten,
stolz sie die Lunte von sich streckt,
auf dass ein Zündholz sie ansteckt.

Die Lunte brennt, die Funken stieben,
sofort wird sie hinauf getrieben,
und näher sich dem Firmament,
weil gleißend hell der Treibsatz brennt.

Noch weiter steigt sie hoch empor
und kommt sich selbst als Stern nun vor,
weil sie zum Himmel raufgezischt,
bis dass der Treibsatz dann verlischt.

Jetzt platzt sie auf! - In kleinen Stücken,
mit buntem Leuchten, zum Entzücken,

verteilt sie sich am Himmelszelt
für die dort unten auf der Welt.

Während sie leuchtet, Stück für Stück,
da wünschen sich die Menschen Glück,
die froh und ausgelassen sind,
auf dass ein gutes Jahr beginnt.

Im Schein der bunten Funkenpracht
man gute Vorsätze sich macht:
Sich bessern, ändern, korrigieren!
Die Vorsätze sehr variieren,
die oft, wie Funken, schnell zerstieben,
wie Rauch vom Nachtwind weggetrieben.

Auch der Rakete ist´s bestimmt,
dass sie in Schnuppen jetzt verglimmt.
Ihr Leuchten, silbern, grün und rot,
besiegelt ihren schnellen Tod,
wofür sie sich hat selbst zerlegt.

  Am Morgen wird sie weggefegt.

Neujahrsvorsätze

Wenn ist vorbei Silvesternacht.
dann ist das alte Jahr vollbracht
und wenn die Kiste Böller leer,
erwartet man vom Neujahr mehr,
als was im alten uns geschehen.
- Mit Zuversicht wir voraussehen.

Schon unter lauten Sektkorkknallen
wünscht man viel Glück um 12 Uhr allen,
auch dass im neuen Jahr bestimmt
gelingt, was man sich stets vornimmt:

  Was will man endlich besser machen,
  sich abgewöhnen manche Sachen,
  gesünder leben, Traumgewicht,
  mehr Frohsinn und sich ärgern nicht.

An liebe Menschen öfter denken,
ihnen und sich mehr Zeit zu schenken.
Gespräche häufiger zu pflegen
und Toleranz sich zuzulegen.

Sich selber nicht zu ernst zu nehmen,
den andern eine Chance geben.
Nicht nur den eignen Geist beschwören,
statt reden auch mal zuzuhören.

Respekt auch fremder Leistung zollen
nicht immer zu perfekt sein wollen.
Nach Freundschaft kräftiger zu streben
und Anerkennung öfter geben.

Ruhig mal nach den Sternen greifen,
in Fantasien umherzustreifen.
Gedanken freien Lauf zu lassen,
bevor wir sie in Worte fassen.

Auch hofft man, mit dem Blick zurück,
man hat diesmal ein Quäntchen Glück,
dass in dem Jahr vor allen Dingen
die guten Vorsätze gelingen.

Doch fürchte ich, sie still verhallen
bis wieder mal die Böller knallen.

Feuerwerk

Raketen in den Himmel starten!
Auf´s neue Jahr die Menschen warten
mit Wünschen, die bunt glitzernd sind. –
Den Rauch danach vertreibt der Wind.

Man hat sich so viel vorgenommen
kaum hat das neue Jahr begonnen,
denn in dem Schein der Funkenpracht
man gute Vorsätze sich macht.

Da fällt es auf – als wär´ es gestern:
Man nimmt´s sich vor jedes Sylvestern!

Doch schnell, wie Leuchtsterne zerstieben,
ist es beim Vorsatz dann geblieben...

Doch wird ein Neujahr wiederkommen,
die gleichen Wünsche neu ersonnen,
weil Hoffnung bleibt uns Jahr für Jahr:

Ein Vorsatz wird auch einmal wahr!

Feuerwerksschnuppen

Wenn´s alte Jahr zu Ende geht
wirft man noch einen Blick zurück,
bis dann auf 12 der Zeiger steht
und wünscht für´s neue Jahr sich Glück.

> Da soll nun alles besser werden!
> Drum wird ein Vorsatz auch gefasst
> aufgrund so mannigfach Beschwerden,
> bevor man Böller knallen lasst.

> Bevor die Lunte angezündet
> und weil vom Sekt schon leicht enthemmt
> man diesen Vorsatz auch verkündet,
> und ihn konkret lauthals benennt.

Zweifelnde Blicke oder Lachen,
die kommen gleich als Kommentar
Wollte man das nicht längst schon machen
in dem nun grad vergang´nen Jahr?

Der Böller dann zum Himmel zischt,
er funkelt, leuchtet, strahlt und blinkt,
bevor am Himmel er verlischt,
und Schnuppen gleich zur Erde sinkt.

> Auch unser Vorsatz, hehr und hell,
> des meistens allzu schnell verglüht,
> er ist vergessen ziemlich schnell,
> weil man sich ernsthaft nicht bemüht.

> Um Ausreden, warum, weswegen
> man morgen erst damit beginnt,
> ist meistens man nicht sehr verlegen
> und schreibt das Ändern in den Wind.

Doch macht ein Rückfall uns kaum Sorgen,
man fegt, wie auch den Böllerdreck,
dann schon am nächsten Neujahrsmorgen
den guten Vorsatz gleich mit weg.

„Der Mann ist eitel wie ein Pfau!"
das meint zumindest meine Frau.

Sylvesterball

Ich freu mich auf Silvesternacht,
wo fröhlich feiert man,
dass bald ein Ende ´s alte macht
und ´s neue Jahr fängt an.

Zur Feier in der Freunde Schar
ist heut´ man eingeladen
mit edel, schickem Accessoire
und auch in feinem Faden.

Der Smoking, der im Schrank gehangen,
auch wenn man zerrt und drückt,
ist wohl derweil was eingegangen:
Er leider zwackt und zwickt.

Doch hab ich leider nur den einen
mit Fliege und mit Weste,
in dem ich will partout erscheinen
auf dem Sylvesterfeste.

Ich zwäng mich in den edlen Zwirn,
wobei ´s gefährlich knackt,
dass meine Frau runzelt die Stirn,
ob der die Fülle packt.

Hätt ich mir nur was ausgeliehen
für die Bequemlichkeit,
statt meinen Bauch nun einzuziehen
die allermeiste Zeit.

Auch meine gute Frau muss suchen,
passt nicht ins Abendkleid,
doch braucht sie nicht - wie ich - zu fluchen,
weil mehr Auswahl bereit.

Nur ich steck in ´nem Einzelstück!
Sie wählt aus ihrem Schrank
was Passendes mit viel Geschick,
bequem - und elegant.

Im Freundeskreis man mich bestaunt,
wie schick ich dort erscheine,
obwohl so mancher leise raunt:
„Es spannt etwas, das Feine."

Um das Buffet mit leck´ren Sachen
- was seh´ ich nur von Ferne -
muss ich ´nen weiten Bogen machen,
auch wenn ich ess´ so gerne.

Mir bleibt nur Flüssiges zum Trinken,
ob Sekt, ob Wein, ob Bier.

Auf keinen Stuhl kann ich hinsinken,
steh steif wie ´n Grenadier,
denn ich trau´ mich nicht mich zu bücken,
und atme nur ganz sacht.
nicht nur, weil mich die Nähte zwicken
- der Hosenbund schon kracht.

Die Frau scheint sich zu amüsieren,
sie plappert, tanzt und lacht.
Ich kann beengt so nicht agieren,
mir mies die Stimmung macht.

Als endlich zählt bis Zwölf man Schläge
und alle wünschen Glück,
ich schnellen Abschied gleich erwäge
und will nach Haus´ zurück.

Doch meine Frau will noch nicht geh´n,
weil es so fröhlich sei,
und schon für ´s nächste Jahr vorseh´n,
dass wieder wir dabei.

Ich trinkt noch was und resigniere
vor ´m Herzenswunsche meiner Frau;
und wacker Stunden absolviere,
wobei ich langsam ziemlich blau.

Als ich erwach am nächsten Morgen,
mein Kopf nur macht mit etwas Sorgen.

Doch als mein Kater war vorbei
vereinbar ich gleich ´nen Termin:
Schon für die nächste Feierei
kauf´ ich was Neues zum Anzieh´n
  Und ich beschließ mit Recht und Fug,
  der Smoking hat ´nen Gummizug!

Tauwetter

Wenn winters kam leis´ über Nacht
herabgeschwebt die weiße Pracht
und deckte sanft die Straßen zu,
dass überall bald stille Ruh´.

Kaum war die Fahrbahndecke weiß,
wurd´ draußen es auf einmal leis´,
auf ´s Autofahr´n wurd´ gern verzichtet,
dass nachher man nicht Beulen richtet.

Im Schritttempo schlich der Verkehr.
Kam doch ein Fahrzeug mal daher
hört´ man statt lautem Motorbrummen
nur noch ein schwaches Reifensummen.

Straßenbaustellen waren leer,
kein Mensch schafft´ hinter Barken mehr,
kein Bagger oder LKW
kutschiert´ herum im weißen Schnee.

Verwaist war ´n abgesperrte Straßen,
trotzdem niemand sich traut´ zu rasen,
wenn Winter herrscht mit Eis und Glätte.
So friedlich man ´s gern immer hätte.

Doch ist der Schnee erst weggetaut,
da wird ´s sofort gleich ziemlich laut
und Hupen, Knattern, Autolärm
schon ab dem frühen Morgen stör ´n.

Feinstaub aus jedem Auspuff dieselt,
auf Baustellen es wieder wieselt,
Kakophonie kreischt schrill zusammen
von Bohrhämmern, Kränen und Rammen.

Vorbei ist ´s mit der stiller Ruh´
denn der Verkehr nimmt wieder zu,
und Blechlawinen bald im Bau
steh´n stundenlang im Autostau.

In Warnwesten Menschen bedienen
die Dampfwalzen und Teermaschinen,
und voran geht ´s nur langsam halt,
gebremst durch großen Schilderwald.

Man braucht nicht nach den Blumen schauen,
ob die sich aus der Erde trauen.
Dass Frühling kommt, merkt man daran,
dass lauter Lärm fängt wieder an.

Denn wenn der kommt herrscht überall
auf Straßen Lärm, Krach und Krawall.

Letztes Wort

Dies ist es nun gewesen,
wenn alles ihr gelesen,
denn leider man ja kommen muss
doch irgendwann zu einem Schluss.

Doch habt ihr trotzdem nicht genug,
ergänzt doch selbst, so Zug um Zug,
auf diesen leeren Zeilen
das Büchlein noch bisweilen.

_____

_____

_____

_____

_____

_____

_____

_____

_____

_____

_____

_____

_____

_____